はしがき

　本書は，新しい行政経営（ニューパブリックマネジメント）の手法である PFI（Private Finance Initiative）など，官民連携事業（PPP=Public Private Partnership）の役割を経済学的な観点から多角的に考察したものである．国と地方の財政赤字の累積が益々深刻となるなか，限られた予算で，既存のインフラ老朽化の問題を解決し，これまで通りの行政サービスを維持していくことは，喫緊の課題になっている．特に，少子高齢化と人口減が加速化するなか，国民の日々のくらしに不可欠なさまざまな行政サービスを供給する地方自治体では，良質な公共サービスをより少ない費用で提供することは，早急に取り組まなければならない重要なテーマである．本書では，どのような環境の下で官民連携が有効に機能するのかを理論的に考察すると同時に，わが国でこれまで行われた PPP/PFI のデータを用いて，その実証的な妥当性を論じる．

　もともとは情報理工が専門であった私が官民連携の問題に関心を持つようになったのは，東京大学公共政策大学院に進学したことが大きなきっかけであった．在学中，都市と地域の現状を様々な観点から把握する授業を多く履修する機会に恵まれた．関連テーマの事例研究では，沖縄県・宮古島と伊良部島を結ぶ「伊良部大橋」を研究対象として，公共事業の妥当性を判断する手法である「費用便益分析」にも取り組んだ．ただ，分析を通じて感じるようになったことは，分析で想定される数値がどのような根拠をもとに算出されているのだろうかということであった．費用便益分析では，公共事業を正当化するべく，費用よりも便益が大きいと評価される傾向にある．このため，真に良質

な公共サービスをより少ない費用で提供するには，公平・中立性の観点から公共事業を評価することが重要で，それには官と民が対等に協力することも必要になると考えるようになった．官民連携事業の役割を経済学的な観点から多角的に考察するため，その後，慶應義塾大学経済学研究科博士課程に進学したのはそのような経緯からである．

本書の構成は，以下の通りである．第1章で，PPP/PFIの概況を述べる．第2章では，「プリンシパル・エージェント理論」を用いて，官民連携事業がうまく機能するためには，民のインセンティブを高める契約を結び，エージェンシーコストを発生させないような報酬体系が重要であることを指摘する．第3章では，基本報酬が低いと「非効率な（事業の成功確率が小さい）」企業が選定されるという逆選択が起こる可能性があることを，わが国のPFI事業のデータを用いることで明らかにする．

第4章や第5章ではPPP/PFI事業を委託された民が，複数の事業を同時に行うことによって発生する「シナジー効果」に注目する．シナジー効果とは，2つの事業を独立に行った場合にはそれぞれの事業でAとBの成果しか生まない場合でも，2つの事業を1つの主体が同時に行うことによってA＋Bを上回る成果を上げることが出来るという効果である．第4章では，主に供給サイドの観点から，第5章では需要サイドの観点からシナジー効果の重要性を考察する．

本書を執筆する最終段階で，新型コロナウイルス感染症（COVID-19）のパンデミック（世界的大流行）が発生し，各国で外出規制や経済活動の停止が行われるなど，世界で史上最悪の「コロナ・ショック」が発生した．IMF（国際通貨基金）が2020年6月に公表した「世界経済見通し」でも，2020年の世界経済の成長率は大幅に下方修正され，「類例のない危機，不確実な回復」との認識が示された．日本経済も例外ではなく，経済活動の自粛からGDP（国内総生産）も未曽有の落ち込みが見込まれている．

新型コロナウイルスの感染拡大は，官民連携の役割が期待される地方自治体の行政サービスにも大きな影響を与えている．全国から観光客が集まる地域イベントは相次ぎ開催中止となり，サプライチェーンの断絶や世界経済の需要の急速な落ち込みなどから，地元企業は大きな減収を余儀なくされている．企業収益が悪化することで，企業が納める法人住民税や法人事業税が減少するとともに，従業員が納める住民税も減少し，地方税の減収につながることが見込まれる．他方，新型コロナウイルス対策の一環で行われた住民や中小事業者への給付金や協力金が，地方財政を圧迫するだけでなく，地方自治体に期待される行政サービスはかつてないレベルに膨れ上がっている．未曾有の危機のなか，良質な公共サービスをより少ない費用で提供することの意義はますます高まっているといえる．残念ながら本書では，新型コロナウイルスの感染拡大の影響や，ポスト・コロナ時代を見据えた官民連携の役割を明示的に議論することはできなかった．しかし，本書を通じて問いかけられる「どのような環境の下で官民連携が有効に機能するのか」という問題は，未曾有の危機を経験した日本経済において今後ますます重要になっていくと考えられる．

謝辞

　本書の執筆にあたり，多くの方々からご支援，ご指導を頂戴した．公益財団法人三菱経済研究所の丸森康史副理事長，滝村竜介前常務理事，杉浦純一常務理事からは研究の方向性に関して貴重なアドバイスと温かい励ましをいただいた．とくに，滝村前常務理事と杉浦常務理事には，本書の草稿を丁寧に読んでいただき，有益なご助言を頂戴した．土居丈朗教授（慶應義塾大学）には，三菱経済研究所の仕事をご紹介くださり，本書を執筆する機会を与えていただいた．加えて，日ごろから様々な形で研究のアドバイスをいただいている指導教員の櫻川昌哉教授（慶應義塾大学），本書のベースとなる研究に対するコメントをくださった寺井公子教授（慶應義塾大学）と塩澤修平教授（東京国際大学），学会報告に際してコメンテータをしていただいた花崎正晴教授（埼玉学園大学），赤井伸郎教授（大阪大学），中村純一副所長（日本政策投資銀行）にも心から感謝の意を表する．

　最後に，研究員として在籍中，三菱経済研究所のスタッフの方々や同僚に多大なサポートをいただいた．この場を持って感謝の意を表する．

2020 年 7 月

福田　紫

目　　次

第 1 章　PPP/PFI の概況

　わが国では，政府部門（国と地方公共団体）が抱える債務が名目 GDP 比で 200％を超えるなど，極めて深刻な財政難に直面しており，早急な健全化が求められている．加速する高齢化と人口減から，社会保障関係費は増加の一途をたどっており，これまで通りの予算では行政サービスを維持していくことがますます難しくなっている．他方，高度成長期に建設された大量の公共インフラでは老朽化が進み，今後 20 年で建設後 50 年以上経過する施設の割合が加速度的に高くなることが見込まれている（表 1.1）．高度成長期以降に整備された道路橋，トンネル，河川，下水道，港湾等についての維持管理・更新は，喫緊の課題とされている（たとえば，根本 (2011a) 参照）．

　財政難がもたらす問題は，地方自治体でより深刻である．わが国の地方公共団体は，平成の大合併（2000 年）によって大きく減少したとはいえ，都道府県，市町村あわせて 1700 を超え，その経済力格差も大きい．地方公共団体は，学校教育，福祉・衛生，警察・消防など国民の日々の

表 1.1　建設後 50 年以上経過する社会資本の割合

	2018 年 3 月	2023 年 3 月	2033 年 3 月
道路橋（橋長 2m 以上の橋，約 73 万橋）	約 25%	約 39%	約 63%
トンネル（約 1 万 1 千本）	約 20%	約 27%	約 42%
河川管理施設（水門等，約 1 万施設）	約 32%	約 42%	約 62%
下水道管きょ（総延長：約 47 万 km）	約 4%	約 8%	約 21%
港湾岸壁（約 5 千施設，水深 −4.5 m 以深）	約 17%	約 32%	約 58%

出所：国土交通省「社会資本の老朽化対策情報ポータルサイト：インフラメンテナンス情報」

図 1.1　地方財政計画の歳出の推移

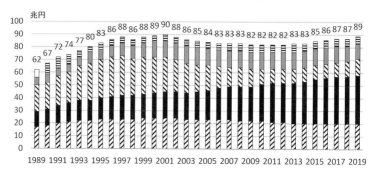

出所：総務省「地方財政関係資料」

　くらしに不可欠なさまざまな行政サービスを供給する必要がある．他方，多くの地方公共団体は，歳入基盤が脆弱で，借入金も増大するなど，その財政事情は危機的な状況である（たとえば土居（2007）参照）．

　地方財政計画における歳出の推移を見ると，高齢化の進行等による社会保障関係経費の増加を，これまでは給与関係経費の削減や投資的経費の削減といった行政改革によって吸収し，歳出の増加を抑制してきたと言える（図 1.1）．しかし，給与関係経費については，行政需要の増加に適切に対応していく上では，その削減に限界があることも事実である．より大きな問題は，公共施設等の老朽化が進んでおり，集約化・複合化や長寿命対策等の適正管理，維持補修や更新投資など今後の財政需要の増加が見込まれていることである．限られた予算のなかで，既存のインフラ老朽化の問題を解決し，これまで通りの行政サービスを維持していくことは，喫緊に対応すべき課題となっている[1]．

---

[1] 赤井・石川（2019）は，地方自治体の財政健全化の現状を，地方財政健全化法の観点から分析している．

　そうしたなかで，近年注目を浴びているのが，新しい行政経営（ニューパブリックマネジメント）の手法である PFI（Private Finance Initiative）である．PFI は，良質な公共サービスをより少ない税金で提供することを目的とした新しい公共事業の手法である．公共サービスの提供や地域経済の再生など何らかの政策目的を持つ事業が実施されるにあたって，官（地方自治体，国，公的機関等）と民（民間企業，NPO，市民等）が目的決定，施設建設・所有，事業運営，資金調達など何らかの役割を分担して行う官民連携（PPP=Public Private Partnership）の一形態といえる（PFI や PPP に関する概略は，野田 (2003)，根本 (2011, 2012, 2013)，山内 (2014)，丹生谷・福田（2018），東洋大学 PPP 研究センター（2018），日本経済研究所（2020）などを参照のこと）．

　近年，財政赤字の累積が深刻となる中で，空港や水道事業などさまざまな分野で，PFI やより広い意味での官民連携 PPP によるインフラ整備や公益事業を模索する動きが活発となっている．しかも，この官民連携は，かつて活発に議論された「民営化」や「第三セクター」とは異なる新しいアプローチとして注目されている．民営化のように純粋に民間だけで事業を行うことにはなじまないが，第三セクターのようにそのリスクの大半を官が担う必要まではない事業がその主な対象となっている．

　しかし，わが国に先行して PFI を推進した英国やフランスで官民連携の失敗事例も数多く存在するように，公共事業を民に委託すれば効率化が図られるという発想は，伝統的な経済学の観点からみても極めて短絡的な発想である（海外の研究者の考え方をまとめたものとしては，Hodge and Greve (2007) を参照のこと）．そこで，本書では，どのような環境の下で官民連携がうまく機能するのかを理論的に考察すると同時に，わが国でこれまで行われた PPP/PFI のデータを用いて，その実証的な妥当性を論じる．

1.1 わが国の PFI の現状と課題

わが国における PFI/PPP 導入・推進は，1999 年に「民間資金等の活用による公共施設等の整備等の促進に関する法律」（以下「PFI 法」）が施行されたのが最初である．民間の活力を利用し，公共施設整備等を効果的かつ効率的に実施し得る新たな事業手法として PFI を促進すべく，英国の先行事例を参考として導入された．図 1.2 で示されるように，同法の施行当初は，日本でも PFI 事業件数・事業費は比較的順調で，導入後の 4 年間で急速に普及し，9 年目頃までは安定的に推移した．しかし，10 年目頃より伸び悩み傾向が明らかになった．当時の事業は，費用が税財源で賄われるサービス購入型・延べ払い型による教育・文化施設や病院等のインフラの「整備」事業が中心であり，税財源以外の収入（利用料金等）により費用を回収する独立採算型や，多様なインフラの「維持管理・運営事業」等に対しては PFI がほとんど活用されていなかったため，事業数・事業費はともに伸び悩みの傾向にあったといえる．

図 1.2 PFI 事業実施状況

出所：内閣府「PFI 事業の実施状況について」

　当時の伸び悩みの要因としては，国や地方公共団体の一層の財政逼迫やリーマンショック等に伴う景気低迷など外的要因もあった．しかし，より大きな要因は，これまでの PFI 事業のスキームに存在していた PFI 自体の構造的な問題であった．PFI 案件は官・民の連携によりはじめて成り立つため，官のみならず民による参画が前提となる．しかしながら，初期の PFI 事業では，官民双方にとってシンプルで取り組みやすい「施設整備中心のハコモノ PFI」を普及させるだけにとどまり，官主導による案件形成がほとんどであった．

　かかる状況の打開に向け，政府は日本再興戦略や地方創生総合戦略の中で，広い意味での官民連携 (PPP=Public Private Partnership) によるインフラ・公共施設整備に注目し，インフラ事業等における PPP/PFI の推進を，重要施策として明確に位置付けるようになった（たとえば，内閣府 (2013) や国土交通省 (2014) を参照）．特に，2010 年 6 月には「新成長戦略」（閣議決定）の中で「公共施設等運営権制度（コンセッション方式）」の導入を掲げ，2011 年にはそれを可能とする PFI 法の改正が行われた．2013 年 6 月の「日本再興戦略」（閣議決定），「PPP/PFI の抜本改革に向けたアクションプラン」（民間資金等活用事業推進会議決定）においても，PPP/PFI により民間の資金・知恵を活用して社会資本を整備・運営・更新することが打ち出された．この「PPP/PFI の抜本改革に向けたアクションプラン」では，公共施設等運営権制度を活用した PFI 事業，収益施設の併設・活用など事業収入等で費用を回収する PFI 事業等，公的不動産の有効活用など民間提案を生かした PPP 事業，これらの類型による事業について重点的に推進し，今後 10 年間で PPP/PFI の事業規模を 12 兆円（現状 4.1 兆円）に拡大するとの具体的な成果目標が掲げられた．

　2011 年 6 月の第 1 の PFI 法改正により「コンセッション方式」がなされ，多くのインフラで PFI 事業者による事業運営が可能となった．更に 2013 年 6 月の第 2 の PFI 法改正を経て，同年 10 月，インフラ PFI 事

業等に資金支援や案件形成支援を行う（株）民間資金等活用事業推進機構が設立された．また，2015年6月の「日本再興戦略　改定2015」にもPPP/PFIの推進が成長戦略として挙げられた．

　以上のように，近年，第2世代とも言うべき次なるインフラ事業の運営・展開へ向け，その舞台は整えられてきた．しかしながら実際には，官と"民"の間には，依然PPP事業に対する認識上のギャップが存在し，特に民側から見た場合，本来PPPの前提であるべき官民対等の立場が適切な形で築かれてきたとは言い難い状況にある．

　わが国では，これまでPPP/PFIを導入・推進する目的として，「財政負担の軽減」が過度に重視される傾向が強かった．たとえば，2001年7月に内閣府PFI推進委員会が公表した「VFM（Value for Money）に関するガイドライン」では，公共施設等の整備等に関する事業をPFI事業として実施するかどうかの基準として，「VFMの有無を評価することが基本となる」ことが述べられている．ここで，VFMとは，支払い（Money）に対して最も価値の高いサービス（Value）を供給するという考え方のことで，公共部門が自ら実施する従来の方式と比べてPFIの方が総事業費をどれだけ削減できるかを示す割合である．VFMを基本とした結果，これまでのPFI事業の評価は，公の財政支出がどれだけ削減されるかという観点で行われることが大半で，PFI事業を行う民の便益まで十分反映した社会的便益が考慮されることはほとんどなかった．

　また，わが国では，官民連携を支持する意見が生まれている背景に，PFIによって公共事業を民に委託すれば，民が経営の効率化を図ることで，財政支出が削減されるという考え方がある．しかし，今後PPP事業を一層日本において普及・拡大させるには，官が主導権を握る側面が極めて強かった従来的なPPP事業のあり方を改善・改良し，民間提案制度の活用や，官民協働の事業スキーム構築等，民間の資金・知恵・ノウハウをフル活用する必要がある．そして，このような民の活力を引き出すには，民が社会的に望ましい行動をとるようなメカニズ

ムを設計することが課題となっているといえる.

1.2　公共財と PFI

　本書の分析対象となる公益事業やその他の公共サービスは,財政学の分野では広義の「公共財」に分類されてきたものである.一般に,「公共財(public good)」は,「非競合性」あるいは「非排除性」の少なくとも一方を有する財として定義され,その対語である「私的財」と区別される(たとえば,井堀 (2013) の第 3 章や土居 (2017) の第 1 章を参照)[2].特に「純粋公共財」は,非競合性と非排除性のどちらも有する公共財で,その典型的な例として政府による外交や国防がしばしば挙げられる.実際に供給されている財・サービスにおいて,純粋公共財と呼べるものは必ずしも多くない.けれども,非競合性あるいは非排除性のいずれかを有する「準公共財」は,数多く存在している[3].

　伝統的な財政学では,準公共財を含めた広義の公共財は,その建設から管理・運営に至るまで政府セクターによって行われると考えてきた.しかし,公共財であっても,一定の制約の下で,民間の経済主体が供給可能なケースは少なくない.外交や国防など純粋公共財では,民間の経済主体による供給は困難である.ただ,地方公共団体主催の花火大会における花火などは,非競合性と非排除性の両方を有する純粋公共財と考えられるが,民間の経済主体によってサービスを供給する

---

[2] 非競合性とは,利用者が増えても,その財・サービスをこれまで通り利用できる性質を指す.また,非排除性とは,価格を支払っていないからといって,財・サービスの利用を排除することができない性質を指す.

[3] 非排除的かつ競合的な財は,「コモンプール財(公共資源)」と呼ばれる.たとえば,一般道路や橋などは,ある程度までであれば利用者全員は問題なく便益を受けられるが,利用者が増えるに従って混雑費用が高まり,競合性が生まれる.しかし,利用者全員に実際に課金するためのコストが高く,排除性は低い.このため,市場に任せると過剰消費がなされる傾向にある(共有地の悲劇).

ことは可能である．また，テレビやラジオの放送も，非競合性と非排除性の両方を有するが，公共放送だけでなく，民間放送によっても供給される．

　より重要な点は，公共財の範囲を準公共財に拡大すれば，さまざまなものが民間の経済主体によって供給可能と考えられることである．準公共財のうち，利用者が増えても財・サービスの便益が保たれる非競合性はあるが，対価を払わない消費は排除可能な財・サービスは，「クラブ財」と呼ばれる．クラブ財の場合，価格付けされた財・サービスを対価の支払いを条件として供給することが可能である．このため，クラブ財は，民間の経済主体によってより供給しやすい準公共財であると考えられる．

　もっとも，同じクラブ財であっても，収益性の観点からどれだけ採算が取れるものかは，財・サービスの種類によって大きく異なる．たとえば，電気通信事業，鉄道事業，水道事業，および教育・文化関連施設は，その利用を排除可能であるが，一定の地域内でそのサービスを需要する消費者が増えても，混雑がない限り総費用はほとんど増加しないという意味で非競合性があり，いずれもクラブ財の一種である．これらサービスは，建設や管理・運営などに費用がかかるが，これを100人の消費者に供給する代わりに150人の消費者に供給することによってもそれらの費用は余り増加しないという意味で競合性が低い例といえる．ただ，電気通信事業，鉄道事業，および水道事業は，人口密度が高い地域では収益性が高く，設備の敷設や維持管理などに費用を利用料などで賄う独立採算が可能なのに対して，人口密度が低い地域では収益性が低く，独立採算でのサービスの供給は難しい．また，教育・文化関連施設は，質のよいサービスを安価に提供する社会的な意義が大きいことから，人口密度が高い地域であっても，独立採算では運営することが難しいことが多い．

　このため，官民連携によるPFIを導入・推進することでクラブ財な

ど広義の公共財を民間の経済主体が供給することは,「民営化」によっ
て民間の経済主体が利潤最大化にもとづいて財・サービスを供給する
こととは本質的に異なることには注意が必要である. 私的財の場合と
は異なり, 公共財では独立採算での供給が難しいからといって, その
供給が社会的に不要であるわけではない. むしろ, 収益性という観点
からは採算が取れない財・サービスであっても, その供給が社会的に
不可欠な広義の公共財は, クラブ財などを中心に数多く存在する. し
たがって, 広義の公共財は, 私的財と同様に価格付けされた財・サービ
スを対価の支払いを条件として供給することが可能であっても, どれ
だけ採算が取れるものかという収益性の観点からだけでなく, 社会的
な重要性を考慮してその供給の有無を判断する必要がある. その結果,
民間の経済主体によって供給される広義の公共財には, 利用者負担で
費用を賄う「独立採算制」で供給可能な収益性の高いものから, 自治
体など官が費用を負担する「サービス購入型」でのみ供給が可能な収
益性の低いものまでさまざまなものが存在しているといえる.

　ただし,「独立採算制」か「サービス購入型」かにかかわらず, 公共財
は, 同じ質の財・サービスであれば, できるだけ自治体など官が負担す
る費用を少なくして供給することが望ましいことも事実である. これ
は, 市場メカニズムに任せた場合にフリーライダーの問題が起こる非
排除性のある公共財にも当てはまる. このため, 民のノウハウを最大
限に利用した官民連携によって公共財を供給することが望ましく, 近
年, 官民連携による PFI 事業が,「独立採算制」,「サービス購入型」, お
よびその組み合わせ「混合型」のいずれの事業においても注目されて
いる背景はそこにある.

　なお, 公共財と混同されるものとして, 私的財ではあるがある種の
公共性を有する「メリット財」がある. たとえば, 医療, 介護, 義務
教育などがメリット財とされる. これらのサービスは, 非競合性・非
排除性の性質を有しないので, 財政学の分野で定義するところの広義

の「公共財」に分類されない．しかし，メリット財は，あらゆる人が享受する権利をもつことが望ましいという性質がある．このため，これらの財が民間によって適切に供給され得るとは限らず，その場合には，官民連携による PFI 事業でサービスを提供する対象となるケースは少なくない．

1.3　第三セクターの教訓

わが国における公益事業の官民連携の初期のものとしては，国または地方公共団体（第一セクター）が民間企業（第二セクター）と共同出資により設立した法人を指す「第三セクター」がある．第三セクターは，設立が比較的容易で運営方式も自由な株式会社の形態を採る半官半民の中間的な形態をとることが多い．1987 年 4 月に日本国有鉄道が分割民営化された際には，JR 各社の赤字ローカル線（特定地方交通線）を引き受ける事業主体としての第三セクター鉄道が数多く設立された．それ以外にも大阪府都市開発（名称は当時，現社名は泉北高速鉄道）など「民間活力の活用」というスローガンのもと，地域振興などを目的とした第三セクター会社が設立されており，1980 年代後半以降は政策的に各地に広がった．その事業分野は，地域・都市開発，水道事業，農林水産，特産品開発・製造，運輸，情報処理，放送，産業廃棄物処理，観光・レジャー・リゾートなど多岐にわたった．

しかし，日本における第三セクターの成果を振り返ってみると，官民連携が「成功」したとは言い難いものが大半であった．とりわけ，第三セクターの多くは慢性的な赤字を抱えており，過去には債務を抱え破綻する第三セクターが続出した．東京都や大阪市の臨海開発関連の会社などがその代表格であった．また，2006 年に表面化した北海道夕張市の財政破綻には，観光開発を担う第三セクターの赤字も関係して

いた．破綻には至っていない第三セクターでも，その経営悪化を背景に，将来的に地方公共団体本体の財政に深刻な影響を及ぼす可能性が懸念されるようになっている．地方公共団体によっては，抜本的な改革を必要とする第三セクターがいまだ数多く存在しているのが実情である[4]．

　もちろん，公益事業である限り，事業者の利益が多ければ多いほど良いというわけではなく，消費者余剰を含めた社会的余剰が最大化されているかどうかという観点が重要である．また，プラスのスピルオーバー効果を持つことで，その地域全体に正の外部性が及ぶのであれば，第三セクターが赤字であることだけを問題視すべきではない．しかし，公共施設の管理委託を受けている第三セクターが多数存在するにもかかわらず，指定管理者制度（それまで地方公共団体やその外郭団体に限定していた公の施設の管理・運営を，株式会社をはじめとした営利企業・財団法人・NPO 法人・市民グループなど法人その他の団体に包括的に代行させることができる制度）を導入する場合でも，住民のサービスの向上・低コスト化といった本質より，当面の処理として既存の委託先に第三セクターを選定した自治体も多く，行政改革が不十分な面がある．このため，地方財政の逼迫度が増しつつあるなか，行政改革を加速する手法として第三セクターにも導入が求められている．

　元来，第三セクターという官民連携は，利益追求を目的とする手法ではなくもっぱら公共的事業を最小の費用で実行するための手法とされ，株式会社形態である利点を活用することにより，第一セクターに係る収支の改善（多くの場合，赤字軽減）が可能となると考えられていた．これは，第三セクターが，自治体から付託された仕事（公共領域）を，もっとも効果的・効率的に実行するための，自主性をもったプロ集団であると想定されていたからである．しかし，従来の第三セ

---

[4]　赤井 (2006) の第 5 章や深澤 (2005) は，第三セクター特有の構造と経営状況との因果関係に焦点をあてた実証研究を行っている．

クターは，そのような機能を十分に発揮することができなかっただけ
でなく，自治体が抱える問題をより複雑かつ深刻にする傾向があった．

その原因の1つとしては，第三セクターのガバナンスの欠如があげ
られる．ガバナンス構造に問題がある場合，民間の経済主体に逆選択
やモラルハザードが発生する．その結果，本来は効率性を改善するこ
とが期待されていた第三セクターで非常に非効率な運営が行われ，収
支も悪化すると考えられる．たとえば，第三セクターでは，民間から
融資を受ける際，地方公共団体が損失補償をしている場合が多く，破
綻後債務を地方公共団体が引き受けることも少なくなかった．このた
め，民間の経済主体は，失敗しても責任を問われることは稀で，創意
工夫により，第三セクターの効率性を高めようとするインセンティブ
が十分に働かなかったといえる．

また，第三セクターでは，その業務範囲が特定の事業に限定されて
いることが多く，その結果，民間の経済主体が事業を行う際に創意工
夫を発揮する余地が限られていたことがあげられる．民間経済主体が
事業を行う際，大規模に行うことで平均費用を抑える「規模の経済性」
や複数の事業に取り組むことで平均費用を抑える「範囲の経済性」は，
事業の効率性を高めるうえで有用である．多くの第三セクターではそ
の業務範囲が限定されていた結果，事業に規模の経済性や範囲の経済
性による効率性の改善が十分に働かなかったといえる．

1.4　PPP/PFI 事業の類型とコンセッション方式

内閣府，総務省，国土交通省による「PPP 事業における官民対話・
事業者選定 プロセスに関する運用ガイド」（2016 年 10 月）では，同ガ
イドが対象とする PPP 事業（民間の技術・ノウハウの活用によって公
共サービスの水準の向上，公的負担の削減又は公的不動産の有効活用

表 1.2　PPP 事業の類型

対象事業	想定される PPP 手法
民間事業者が公共施設等の整備を担うもの	BT 方式等
民間事業者が公共施設等の運営を担うもの	指定管理者制度，包括的民間委託制度，公共施設等運営権方式 等
民間事業者が公共施設等の整備・運営を担うもの	収益施設の併設・活用など事業収入等で費用を回収する PFI 事業，その他の PFI 事業（BOT 方式，BTO 方式，BOO 方式，DBO 方式，RO 方式），リース方式等
民間事業者が公的不動産を活用した事業を提案して実施するもの	定期借地権方式，公共空間の活用（占用許可等），等価交換方式 特定建築者制度を活用した再開発事業等

出所：内閣府，総務省，国土交通省「PPP 事業における官民対話・事業者選定プロセスに関する運用ガイド」にもとづいて筆者作成.

表 1.3　PFI 事業の類型

事業方式	
BTO（Build Transfer Operate ＝建設・移転・運営）	建設・資金調達を民間が担って，完成後は所有権を公共に移転し，その後は一定期間，運営を同一の民間に委ねる方式
BOT（Build Operate Transfer ＝建設・運営・移転）	民間が施設を建設・維持管理・運営し，契約期間終了後に公共へ所有権を移転する方式
BOO（Build Own Operate ＝建設・運営・所有）	民間が施設を建設・維持管理・運営．契約期間終了後も民間が施設を所有し続ける，あるいは，施設を解体撤去して事業を終了させる方式
RO（Rehabilitate Operate ＝改修・運営）	民間が施設を改修後，その施設を管理・運営する方式．一般に所有権は公共のまま移転しない.

出所：内閣府「PFI の事業方式と事業類型」にもとづいて筆者作成.

による民間ビジネス機会の創出など地域経済の活性化を図る事業）に関して，表 1.2 のような分類を行っている．この分類に従うと，表の 3 つめの PPP 手法が「PFI 事業」と呼ばれるものに対応する．ただし PFI 事業は，民間事業者（SPC ＝特定の資産を保有するために設立された法人格のある特別目的会社, Special Purpose Company）が資金を調達して施設を建設後，公的セクターへの所有権の移転や施設運用の開始タイミングの違いによって，事業形態がさらに分類されている（表 1.3）.

　施設完成後は所有権を公的セクターに移転し，その後の維持管理・運営を同一の民間に任せる方式を BTO（Build Transfer Operate）という．一方，民間が施設を所有しながら維持管理・運営し，契約期間終了後に公的セクターに所有権を移転する方式を BOT（Build Operate Transfer）という．民間にとっては，所有権をより長期間保有している BOT の方がハイリスクである反面，ビジネスチャンスも大きい．いずれの方式にも，事業の収入源を公的セクターからのサービス提供対価とする「サービス購入型」，利用収入とする「独立採算型」，およびその組み合わせ「混合型」の 3 種類がある．

　スキームとして，独立採算型の BTO が，おおむね以下でみる「コンセッション方式」に相当するものである．すなわち，コンセッション方式とは，公共施設やインフラにおいて，その所有権は公共側に残したままで，長期間運営する権利のみを民間事業者に売却する民営化手法のことで，この意味において "部分的な民営化手法" といえる．公共側は運営権を設定（売却）することで運営権設定対価という収入が得られ，施設やインフラを所有したまま事業リスクを民間に移転することができる．一方の民間事業者側も，従来は立ち入ることのできなかった新しい領域での事業機会が得られるなど，両者にとってさまざまなメリットのある手法である．

　従来の PFI 事業では，独立採算型の BTO 方式（バンドリング型）が，施設の整備をしながら維持管理・運営を同時に行うことができるため，民間事業者がそのノウハウを発揮し，創意工夫を凝らすインセンティブをより多くもつものであった．しかし，コンセッション方式の導入によって，施設の所有権を公共主体が有したまま，施設の運営権を民間事業者に設定する BTO 方式（アンバンドリング型）の官民連携でも，民間事業者がそのノウハウを発揮するインセンティブが大きく高まった．

　コンセッション方式は，民間の資金やノウハウを活用して社会資本

を整備・運営・更新する PFI の一手法である一方で，従来の PFI とは異なり，対象となる事業は既に稼働中で利用料収入のあるものでなければならない．このため，コンセッション方式の PFI 導入前と導入後を比較することで，事業そのものの効果ではなく，コンセッション方式を導入したことによる追加的な経済効果を把握することが可能となる．

　2 節でみたように，わが国では，PFI 法改正により「公共施設等運営権制度（コンセッション方式）の導入」がなされ，多くのインフラで PFI 事業者による事業運営が可能となった．コンセッション方式を導入しようという議論は，2009 年 9 月の（当時の）民主党政権の誕生直後から本格化した．翌 10 月にはコンセッション方式導入の源流となる「国土交通省成長戦略会議」が開かれ，特に発展の余地があるとされた「海洋」「観光」「航空」「国際展開・官民連携」「住宅・都市」の 5 分野において，さまざまな成長戦略が議論された．2010 年 2 月には，コンセッション方式を法制化する PFI 法改正の議論が，内閣府の「民間資金等活用事業推進委員会（PFI 推進委員会）」で始まった．同年 6 月には「国土交通省成長戦略会議」と「内閣府 PFI 推進委員会」が PFI 法改正に向けた提言を出し，当時の「新成長戦略」にもコンセッション方式の導入を含む PFI 制度の拡充策が盛り込まれた．2011 年 3 月 11 日に改正 PFI 法が閣議決定され，同年 11 月に全面施行となった．

　2012 年 12 月，政権は民主党から再び自民党へと戻ったが，コンセッション方式の活用をはじめとする PPP/PFI 推進の流れは引き継がれると同時に，PPP/PFI 事業への具体的な数値目標が設定された．2013 年 6 月に，内閣府の「民間資金等活用事業推進会議（PFI 推進会議）」が決定した「PPP/PFI の抜本改革に向けたアクションプラン」において，今後 10 年間（2013 年度～2022 年度）で 10～12 兆円規模の PPP/PFI 事業を推進するという目標が掲げられた．さらに 1 年後の 2014 年 6 月には，2016 年度までの 3 年間を「集中強化期間」と定め，コンセッション方式を活用するものについて 19 件の事業を達成するという目標も設

表 1.4　全国のコンセッション方式重点分野の進捗状況
（2019 年 11 月 11 日時点）

分野	事業	
空港 目標 6 件	但馬空港	2015 年 1 月から運営事業を実施中.
	関西国際空港 大阪国際空港	2016 年 4 月から運営事業を実施中.
	仙台空港	2016 年 7 月から運営事業を実施中.
	高松空港	2018 年 4 月から運営事業を実施中.
	神戸空港	2018 年 4 月から運営事業を実施中.
	鳥取空港	2018 年 7 月から運営事業を実施中.
	静岡空港	2019 年 4 月から運営事業を実施中.
	福岡空港	2019 年 4 月から運営事業を実施中.
	南紀白浜空港	20191 年 4 月から運営事業を実施中.
	熊本空港	2020 年 4 月頃の事業開始に向け，2019 年 5 月に実施契約を締結.
	北海道内 7 空港	2020 年からの事業開始に向け，2019 年 10 月に実施契約を締結.
	広島空港	2021 年 4 月頃の事業開始に向け，2019 年 6 月に募集要項を公表.
水道 目標 6 件	大阪市	管路コンセッションについて，2019 年度中に実施方針条例案を提出予定，2022 年度以降に事業開始予定.
	静岡県伊豆の国市	2021 年度以降コンセッション事業開始に向け，2019 年度にマーケットサウンディングを実施予定.
	宮城県	上工下水一体のみやぎ型管理運営方式にて，2019 年 12 月に実施 方針公表予定，2022 年 1 月の事業開始予定.
下水道 目標 6 件	静岡県浜松市	2018 年 4 月から運営事業を実施中.
	高知県須崎市	2020 年 4 月の事業開始に向け，2019 年 1 月に優先交渉権者を選定.
	宮城県	上工下水一体のみやぎ型管理運営方式にて，2019 年 12 月に実施 方針公表予定，2022 年 1 月の事業開始予定.
道路 目標 1 件	愛知県道路公社	2016 年 10 月から運営事業を実施中.
文教施設 目標 3 件	旧奈良監獄	2019 年 11 月から一部の運営事業（史料館運営事業）を実施中.
	有明アリーナ	2021 年 6 月の運営開始に向け，2019 年 7 月に実施契約を締結.
	大阪中之島美術館	2021 年度の運営開始に向け，2019 年 6 月に募集要項を公表.
公営住宅 目標 8 件	神戸市（東多聞台）	2016 年 12 月に事業契約を締結.
	池田市（石橋）	2017 年 6 月に事業契約を締結.
	岡山市（北長瀬）	2017 年 9 月に事業契約を締結.
	東京都（北青山）	2018 年 2 月に事業契約を締結.
	愛知県（東浦）	2018 年 3 月に事業契約を締結.
	大阪府（吹田佐竹台・吹田高野台）	2017 年 3 月に基本協定を締結.
	埼玉県（大宮植竹）	2017 年 5 月に基本協定を締結.
	京都市（八条）	2018 年 1 月に事業予定者を決定.

出所：内閣府「民間資金等活用事業推進室（**PPP/PFI** 推進室）」にもとづいて筆者作成.

定された．19 件の内訳は，空港 6 件，水道 6 件，下水道 6 件，道路 1
件となっていた．その後，方針はさらに強化され，事業の達成目標に
文教施設（スポーツ施設，社会教育施設，文化施設）3 件と公営住宅 6
件が加わった[5]．

　表 1.4 は，集中強化期間で達成目標が掲げられたコンセッション方
式の重点分野（空港，水道，下水道，道路，文教施設，公営住宅の 6
分野）における主な事業の進捗状況を，2019 年 11 月 11 日時点の情報
をもとに分類してまとめたものである．これらのなかで，最も取り組
みが進んでいるのは「空港」の分野である．「空港」に限ると，目標 6
件に対して，2019 年 11 月時点で "運営" へと移行しているプロジェ
クトが 9 件にも達し，既に実施契約を締結したプロジェクトも 2 件あ
る．「道路」，「文教施設」，「公営住宅」の分野でも，数値目標は達成さ
れている．一方，「水道」や「下水道」の分野では，議会で条例改正案
の成立が難航するなど，進捗が遅れている．収益性の高く，関連事業
も多い「空港」の分野でコンセッション方式の PFI 事業が広がる一方
で，公益性が高く，すべての住民にあまねく供給する必要がある「水
道」や「下水道」の分野ではコンセッション方式の PFI 事業は進んで
いないといえる．

1.5　本書で取り上げる 2 つの視点

　本書の目的は，どのような環境の下で官民連携がうまく機能するの
かを理論的に考察すると同時に，わが国でこれまで行われた官民連携
による PFI 事業のデータを用いてその実証的な妥当性を分析すること
にある．その目的の実現のため，本書では 2 つの大きな視点から，官

---

[5] 集中強化期間以降，クルーズ船向け旅客ターミナル施設 3 件，MICE 施設 6 件，公営
水力発電 3 件，工業用水道 3 件なども重点目標に加えられている．

民連携による PFI 事業を考察する.

第 1 が,「プリンシパル・エージェント理論」を用いて,事業のガバナンス構造を考察する視点である.官民連携は,官＝依頼人（プリンシパル，principal）が民＝代理人（エージェント，agent）に業務を委託するという意味で,プリンシパル・エージェントの関係として捉えることができる.このため,官民連携がうまく機能するためには,それが逆選択やモラルハザードといったエージェンシーコストを発生させないインセンティブ・メカニズムを構築することが重要となる.しかし,実際の官民連携においては,情報の非対称性が存在したり,契約が不完備であったりすることから,官（＝依頼人）は民（＝代理人）の質や行動を完全にはモニタリングすることができない.このような状況の下では,官民連携において,民のインセンティブを高めるバンドリング型の契約（民間事業者が建設と運営を同時に行う PFI 事業）を結び,エージェンシーコストを発生させないような報酬体系を設定することが重要となる.

一般に,依頼人である官が代理人としての民に支払う報酬は,事業の成否とは無関係に支払われる「基本報酬」と,事業が成功した場合に支払われる「成功報酬」から成る.基本報酬は民の参加条件を決定する上で大きな役割を果たす一方,成功報酬は参加した民のインセンティブを高める上で重要となる.本書では,第 2 章でどのような官民連携が望ましいかを成功報酬と民のインセンティブという観点から理論的に明らかにすると同時に,第 3 章では基本報酬が低いと「非効率的な（事業の成功確率が小さい）」企業が選定されるという逆選択が起こる可能性があることをわが国の PFI 事業の VFM のデータを用いることで実証的に明らかにする.

第 2 が,PFI 事業を委託された民が,複数の事業を同時に行うことによって発生する「シナジー効果」に注目する視点である.シナジー効果は,2 つの事業を独立に行った場合にはそれぞれの事業では A と

B の成果しか生まない場合でも，2 つの事業を 1 つの主体が同時に行うことによって A＋B を上回る成果を上げることができるという効果である．本書では，第 4 章で主に供給サイドの観点から，また第 5 章で主に需要サイドの観点から，それぞれシナジー効果に注目して，PFI 事業を「成功」に導くための要因分析を行う．前節でみたように，PFI 法改正により「公共施設等運営権制度（コンセッション方式）の導入」がなされ，多くの PFI 事業で委託された民間事業者（SPC）が，アンバンドリング型の PPP/PFI 事業においてもより自由度をもって事業を運営することが可能となった．その結果，コンセッション方式によって民が公共事業と民営事業を同時に行うことで，シナジー効果が生まれた事例も増加している．第 4 章と第 5 章では，そのような事例を紹介しながら，供給サイドと需要サイドの両面からのシナジー効果の重要性を考察する．

　3 節で述べたように，地方公共団体主催の花火大会における花火や，テレビ・ラジオの放送は，非競合性と非排除性の両方を有するという意味では純粋公共財ではあるが，その多くが民間事業者によって供給されている．このうち，花火大会は，第 1 の視点で取り扱う官と民のプリンシパル・エージェント関係を伴う官民連携の典型的な例といえる．花火の打ち上げには専門的な技能が必要で，主催者が自治体（官）の場合でも，打ち上げを含めた運営は民間事業者に委託することが望ましい．このため，花火大会がうまく機能するためには，代理人である民のインセンティブを高め，逆選択やモラルハザードを発生させないことが重要となる．一方，テレビやラジオの民間放送では，第 2 の視点で取り扱うシナジー効果の存在が重要となる．番組と広告という本来は異なる 2 つのサービスを 1 つの事業者が同時に提供することで，サービスの提供が可能になっているからである．放送には非競合性と非排除性があるため，民間事業者には番組だけを提供するインセンティブはない．また，広告のみの放送では視聴者は限られ，十分な宣伝効

果が生まれない．しかし，番組と広告を同時に放送すれば，魅力的な番組作りが視聴者を増やすことで広告の効果を高める一方，高い広告料が見込まれればより質の高い番組作りが可能となるというシナジー効果が生まれる．

　もっとも，本書が取り扱うテーマにおいて，花火や放送はごく一握りの例に過ぎない．今日の官民連携では，効率的なプリンシパル・エージェント関係を構築し，シナジー効果をできるだけ発揮することがさまざまな分野で重要になってきている．本書では，このような問題意識に立って，どのような環境の下で官民連携がうまく機能するのかを上述の 2 つの視点から理論的に考察すると同時に，わが国でこれまで行われた PFI 事業の有効性を実証的に分析することにする．

第2章　インセンティブ設計

2.1　はじめに

　官民連携によるPFI事業は，依頼人（プリンシパル）である官が代理人（エージェント）である民に業務を委託するプリンシパル・エージェントの関係として遂行される．そのような関係は，前章で言及した花火大会などを例外とすれば，非競合性と非排除性の両方を有する純粋公共財では限られる．しかし，公共財の範囲を準公共財に拡大した場合，非競合性はあるが排除可能な「クラブ財」では，官が民に事業の運営を委託するプリンシパル・エージェント関係は幅広く結ばれている．このような官民連携事業では，プリンシパル・エージェントの関係が効率的に機能することが望ましく，そのためには逆選択やモラルハザードといったエージェンシーコストを発生させないためのガバナンス構造の確立が重要となる．そこで，第2章と第3章では，官民連携のプリンシパル・エージェント関係において，民のインセンティブを高めるバンドリング型の契約（民間事業者が建設と運営を同時に行うPFI事業）を結び，エージェンシーコストを発生させないような報酬体系の設定が重要となることを明らかにする．

　わが国では，新しい行政経営の手法として政府や実務関係者の間で官民連携を支持する声が多くあり，その背景として，公共事業の維持管理・運営を民に委託すれば，民が経営の効率化を図ることで財政支出が削減されるというナイーブな考え方がある．しかしながら，わが国

に先行して PPP/PFI 事業を推進した英国やフランスでは失敗事例が数多く存在するように，公共事業を民に委託すれば効率化が図られるという発想は極めて短絡的である．花崎（2008，2014）らが指摘するように，民間企業の業務が効率的に遂行されるには，インセンティブを与える「コーポレートガバナンス」が重要である．赤井 (2006) が指摘したように，そのようなガバナンスは，行政組織においても同様に重要である．特に，官民連携の事業においては，委託された民が業務を効率的に遂行するためには，民に適切なインセンティブを与えるための適切な制度設計が必要であり，それが適切になされなければ官民連携による効率性は低下する懸念すらある．そこで，本章では，プリンシパル・エージェント理論を用いることで，PPP/PFI 事業で公益目的を実現し，私的利益を追求する民の行動を官が望む結果に導くには，民のインセンティブを高めるバンドリング型の官民連携を構築し，その成功報酬を適切な水準に設定することが望ましいことを明らかにする．

　PPP/PFI 事業に関する海外の先行研究でも，ガバナンス構造に注目した研究は数多く行われている．英国が PFI 発祥の地であったことを反映して，その多くが英国の PFI を対象とした事例研究であり，表 2.1 は，これら研究をまとめたものである．表からわかるように，多くの研究がリスク管理や会計上の透明性などの面から，否定的な論調を展開し，PPP/PFI 事業は当初期待されていたほどの成果が上がっていないことを指摘している．もっとも，これらの文献のほとんどは「行政学」の分野におけるものである．海外の先行研究では，本章 3 節で説明する Hart, Shleifer, and Vishny (1997) や Hart（2003）による理論分析，それにこれらのモデルに不確実性を導入した Iossa and Martimort (2015) らの理論分析を例外とすると，経済学の観点からの分析は，赤井 (2006) の先駆的な業績を除けば非常に限られているのが実情である．

　わが国でも，内閣府・民間資金等活用事業推進室（PPP/PFI 推進室），国土交通省総合政策局社会資本整備政策課，特定非営利活動法人・日

表 2.1　英国の PFI を対象とした事例研究

Hood and McGarve (2002)	スコットランドの地方政府の 32 機関における PFI/PPP の試みを自ら行ったサーベイ調査の結果を用いて分析し，PFI/PPP を行う際のリスク管理が不十分であったことを指摘した.
Hood, Fraser, and McGarve (2006)	PFI/PPP を行う際のリスクや報酬に関する透明性に問題があると指摘した.
Kakabadse, Kakabadse, and Summers (2007)	PFI/PPP を実施した英国の教育機関に対してアンケート調査を行い，PFI/PPP を行う際に複雑な外的環境やステークホルダー（利害関係者）の影響を考慮することの重要性を指摘した.
Heald and Georgiou (2011)	PFI/PPP が公的セクターと民間セクターのいずれにおいても，固定資本として貸借対照表に適切に計上されてこなかったことの問題を指摘した.
Coulson (2008)	2004 年と 2006 年に英国財務省から出された PFI に関する新しいガイドラインに基づいて，英国の PFI におけるリスク，コスト，リターン，および割引現在価値法のあり方を数量的に考察した.
Demirag and Khadaroo (2011)	英国財務省による PFI/PPP に関する資料で，PFI/PPP の VFM を評価するに際しての会計上の問題を指摘した.
Froud and Shaoul (2001)	英国の国立保健機関のデータを用いて，病院に対して行われた PFI の VFM や妥当性を評価した.
Shaoul, Stafford, and Stapleton (2011)	英国の病院に対して行われた PFI に関するケーススタディーを行い，PFI によって新たなコストや複雑さが生まれていると指摘した.
Hellowell and Pollock (2010)	PPP によって英国保険サービスの財政状況にどのような影響を与えたかを考察し，民間事業の効率性よりもコストの増加が大きかったと指摘した.
Lethbridge (2014)	PFI 事業による英国のクイーンエリザベス病院のケーススタディーを行い，問題点を指摘した.

出所：筆者作成.

本 PFI・PPP 協会などが，現状の説明や事例の紹介を積極的に行っているが，経済学の観点から PPP/PFI 事業を本格的に分析した研究は必ずしも多くない．先行研究では，財政負担の軽減など「官の視点」で PPP 事業を評価している研究がいくつか存在する．なかでも，下野・前野 (2010) や要藤・溝端・林田 (2017) は，わが国の PFI 事業における

VFM（Value for Money：公共部門が実施する従来の方式と比べて PFI の方が総事業費をどれだけ削減できるかを示す割合）の決定要因を本格的に実証的に分析した数少ない研究として注目に値する．しかし，大島 (2001)，赤井 (2002)，赤井・篠原 (2002) などの理論分析を例外とすれば，「民のインセンティブ」にフォーカスを当てた PPP 事業の考察は十分行われてきていない．特に，官民連携のプリンシパル・エージェント関係という観点から，民にインセンティブを与える事業形態や報酬体系のあり方が PPP 事業にどのような影響を与えるかという考察を行った実証研究や事例研究はほとんどないと思われる．

　2001 年 7 月に内閣府 PFI 推進委員会が公表した「VFM に関するガイドライン」では，公共施設等の整備等に関する事業を PFI 事業として実施するかどうかの基準として，「VFM の有無を評価することが基本となる」ことが述べられている．先行研究における PFI 事業の評価は，VFM のように公の財政支出がどれだけ削減されるかという観点で行われることが大半で，PFI 事業を行う民の便益まで十分反映した社会的便益が考慮されることは限られていたといえる．

　しかし，今後 PPP 事業を一層日本において普及・拡大させるには，官が主導権を握る側面が極めて強かった従来的な PPP 事業のあり方を改善・改良し，社会的便益を最大化するという観点から，民間提案制度の活用や，官民協働の事業スキーム構築等，民間の資金・知恵・ノウハウをフル活用する必要がある．そして，このような民の活力を引き出すには，民が社会的に望ましい行動をとるような事業形態を選択し，報酬体系を適切に設定することが重要となる．そこで，以下の分析では，プリンシパル・エージェント理論を用いて，PPP/PFI 事業の公益目的を実現し，私的利益を追求する民の行動を官が望む結果に導くには，民のインセンティブを高めるメカニズムとしてバンドリング型の契約（民間事業者が建設と運営を同時に行う PFI 事業）を結び，報酬を適切な水準に設定することが望ましいことを明らかにする．第 1 章 5 節で

みたように，2011 年の PFI 法改正によるコンセッション方式の導入に
よって，アンバンドリング型の事業（民間事業者が管理・運営のみを
行う事業）でも業務範囲の自由度が高まり，民のインセンティブを高
める PPP/PFI 事業が近年増加している．しかし，民がノウハウをより
発揮するには，依然としてバンドリング型の事業がより適していると
考えられる．本稿では，そのような観点から，PPP/PFI 事業の形態や
報酬体系のあり方を考察する．

2.2　インセンティブ問題

　プリンシパル・エージェント理論を考える上では，契約理論におけ
るインセンティブ問題を概念的に整理しておくことが重要である[1]．わ
れわれは，さまざまなルール，制度，あるいは慣行の下で生活を営ん
でいる．それらは，人々のさまざまな選択行動に実質的に影響を及ぼ
し，特定の行動をとる誘因（インセンティブ）に働きかける力を持っ
ている．反面，適切なインセンティブが働かなければ，経済活動は非
効率なものになってしまう．

　たとえば，かつて社会主義のもとでの計画経済という大きな実験が
失敗に終わった最も大きな理由は，社会主義計画経済が人々に効率的な
生産に貢献する誘因を与え続けることができなかったからである．一
見理想的と思える中央集権的な制度やルールを導入したものの，その
下で活動する人々の行動に適切なインセンティブやペナルティを伴わ
なかった結果として，当初の目的と背反する事態をもたらした．した
がって，特定のルール，制度の下での人々の行動が当初の目的を達成
するためには，関係者の行動パターンを理解し，その望ましい行動に

---

[1] 契約理論におけるインセンティブ問題を包括的に取り扱った代表的な文献としては，
伊藤・小佐野 (2003) や清水・堀内 (2003) などがある．

対する人々のインセンティブを引き出すためにはどのような仕組みが必要かを考えなければならない.

このようなインセンティブの問題は，依頼人（プリンシパル）と代理人（エージェント）が結ぶ関係でとりわけ重要となる．プリンシパル・エージェント関係は，会社の経営に関する株主（＝依頼人）と経営者（＝代理人），会社の労務実施に関する経営者（＝依頼人）と労働者（＝代理人），借り手の審査に関する預金者（＝依頼人）と銀行（＝代理人）など，現代社会では幅広く成立している．このような関係が幅広く結ばれてきた背景には，個人があらゆることを自分ですることは非効率であるために専門家に委ねるという「専門性の原理」がある．つまり，依頼人と代理人の関係は，経済活動や社会生活における専門性のメリットを実現する仕組みである．PPP/PFI事業においても，依頼人である官がその目的を達成するため，専門性という面で優れた民を代理人として業務を委託するプリンシパル・エージェント関係ということになる.

しかし，依頼人と代理人の関係は，常に依頼人が期待通りの結果をもたらすわけではない．特に，依頼人が代理人の質や行動を詳細に監視（モニタリング）できない情報の非対称性や，依頼人が代理人の質や行動の結果を客観的に判断・評価できない不完備契約が存在する場合,「エージェンシー問題」と呼ばれる困難が発生する可能性がある．そのようなエージェンシー問題の源泉は,「隠された行動（モラルハザード）」と「隠された情報（逆選択)」の2つのタイプに求められる.

たとえば，モラルハザードの問題は，依頼人が代理人の行動を知ることができない（あるいは，客観的に判断・評価できない）場合に生じる．この場合，依頼人は代理人が好ましくない行動をとっていたとしても，それに対して直接ペナルティを科すことができないため，良質な財・サービスの供給は妨げられる可能性が高くなる．また，逆選択の問題は，良質な財・サービスと質の劣悪な財・サービスがきちん

と識別できない（あるいは，客観的に判断・評価できない）場合に生
じる．この場合，依頼人は良質な財・サービスを正当に評価すること
ができず，その結果，良質な財・サービスの供給は妨げられる．

　このようなエージェンシー問題は，労働市場で発生することは幅広
く知られてきた．なぜなら，労働者（代理人）は自分のことをよく知っ
ているが，企業（依頼人）は労働者の能力について充分な情報を持っ
ていないからだ．労働者の能力を正確に把握できない企業は，一律の
賃金を支払うこととなり，能力に見合う賃金を受け取ることができな
い有能な労働者は辞めていく．最終的に，生産性の低い労働者だけが
残るといった逆選択が生じる．また，雇用契約後に企業と労働者の間
で情報の非対称性があることから生まれるモラルハザードもある．例
えば，引っ越しのアルバイトを雇用した場合，企業がモニタリングで
きない状況で，時給払いの契約にすると，テキパキ働けば 3 時間で終
了する作業を 5 時間かけるような手抜きを誘発しかねない．

　これと同様のエージェンシー問題は，公営事業の業務を依頼人であ
る官が代理人である民に委託する場合でも起こりうる．そこで，本章
では，Hart (2003) の研究をベースに，官民連携の PFI 事業において不
完備契約の下で発生する「モラルハザード」の問題を扱い，それらエー
ジェンシー問題を防ぐには適切なインセンティブを与える事業の形態
や事業に参加する企業への報酬体系とはどのようなものなのかを理論
的に考察する．一般に，プリンシパル・エージェントの関係では，代
理人としての民に支払われる報酬は，事業の成否とは無関係に支払わ
れる「基本報酬」と，事業が成功した場合に支払われる「成功報酬」
から成る．本章の理論モデルの分析では，このうち成功報酬の役割に
フォーカスを当て，Hart のモデルに投資水準に依存する不確実性を導
入した場合，代理人としての民に支払われる成功報酬の金額を適切に
設定することで，バンドリング型の PFI 事業が社会厚生を高める上で
有効となることを示すことにする．

2.3 Hart (2003) の研究

2.3.1 分析の背景

多くの先行研究では，エージェンシー問題におけるインセンティブの分析には，不完備契約理論が用いられてきた．不完備契約理論では，起こり得る事象が複雑でかつ多すぎるといった理由で，事前に条件付きの契約を結べないという不完備性の前提に立つ．このため，事業の開始後，代理人が契約に書かれていない望ましくない行為（例えば投資）をするモラルハザードが起こっても，それを防ぐことができず，その結果，エージェンシーコストが発生する．

不完備契約理論を応用して民間事業者による公共施設の運営の問題を分析した先駆的研究としては，Hart, Shleifer, and Vishny (1997) がある．この論文では，公共施設の所有権のあり方に注目して，従来型の政府が施設を所有する場合と民間事業者が施設を所有する場合では，事業を運営する民間事業者の投資のインセンティブが異なってくることに注目した．そのうえで，契約が不完備な場合，官がその目的を達成するため専門性で優れた民に業務を委託することは，必ずしも好ましいとは限らないことを示した．なぜなら，業務を委託された民は，自らの収入を増やすため，効率性を高める投資を行うインセンティブを持つ一方で，必要なサービスを廃止したり，望ましくない費用削減を行ったりする可能性があるからである．

Hart (2003) は，この Hart, Shleifer, and Vishny の考え方を応用して，どのような形態の PFI 事業が効率的となるかを不完備契約理論によって分析した．以下では，この Hart のモデルを紹介する．政府が民間に業務を委託する従来型の仕組みでは，2 つの業務は別々の民間事業者（建設会社と運営会社）と契約する「アンバンドリング」が一般的であった．これに対して，PFI では，2 つの業務を一括して民間事業者（通常

は，特定目的会社 SPC）と契約する「バンドリング」が行われるよう
になった．Hart は，このような違いに注目して，どのような環境下で，
PFI の仕組み（バンドリング）が従来型の官民連携の仕組み（アンバ
ンドリング）に比べて望ましくなるかを論じた．

　民間事業者は，さまざまなアイディアを駆使すれば，魅力的なデザイ
ンや機能を持つ公共施設を建設し，快適に利用できる良質な公共サー
ビスを提供するだけでなく，その運営コストを削減するノウハウを持っ
ている．しかし，Hart, Shleifer, and Vishny (1997) が指摘したように，
建設と運営を別々の民間事業者が行うアンバンドリングのケースでは，
建設時にそのようなノウハウを活用する投資を行うインセンティブは
ない．より注目すべき点は，民間事業者が建設と運営を同時に行うバ
ンドリングのケースでも，契約が不完備な場合，自らの利潤を最大化
する民は，そのノウハウを社会的厚生最大化のために必ずしも使うと
は限らず，場合によっては，必要なサービスを廃止したり，望ましく
ない費用削減を行ったりする可能性があることである．その結果，Hart
(2003) は，バンドリングの PFI 事業とアンバンドリングの従来型事業
は，一長一短であると主張した．

　第 1 章 4 節でみたように，わが国の官民連携にはさまざまなタイプ
のものが存在するが，PFI 事業では BTO 型と BOT 型が一般的である．
BTO 型の事業は，建設後に公共施設を運営する際の所有権を政府が持
つため，アンバンドリング事業に相当すると考えられる一方，BOT 型
の事業は，公共施設を運営する際の所有権を民間事業者が持つため，バ
ンドリング事業に相当すると考えられる．BTO 型の事業では，公共施
設を運営する際の所有権が建設後に政府に移ってしまうので，建設業
者に対して成果に見合った投資を行わせるインセンティブを持たせる
ことが難しい．一方，BOT 型の PFI 事業の場合，建設事業者はその投
資の成果を部分的に享受することができるので，民間事業者にノウハ
ウを活用するインセンティブが生まれる．しかし，契約が不完備な場

30

合，自らの利潤を最大化する民は，そのノウハウを社会的厚生最大化のために必ずしも使うとは限らず，場合によっては，必要なサービスを廃止したり，望ましくない費用削減を行ったりする可能性がある．以下ではこのようなインプリケーションを持つ Hart モデルをより詳細にみていくことにする．

2.3.2　数学的な分析

　以下では，(i) で概要を説明した Hart (2003) の結果を，数式を用いて考察する．Hart モデルでは，公共施設は「建設」を行う 1 期と，「運営」を行う 2 期の 2 つの期間から成る．公共施設から 2 期に得られる便益および運営費用は，1 期における建設業者の投資によって決まるとする．その際，建設業者は，社会的に望ましい投資 i と望ましくない投資 e の 2 種類の投資を行えると仮定する．いずれの投資も，その増加は，社会的費用 C をそれぞれ $\gamma(i)$ と $c(e)$ だけ削減する．しかし，投資 i が社会的便益 B を $b(i)$ だけ高めるのに対して，投資 e は社会的便益 B を $d(e)$ だけ低下させる．すなわち，

$$B = B_0 + b(i) - d(e)$$

$$C = C_0 - \gamma(i) - c(e)$$

(2.1)

ただし，$b > 0,\ b' > 0,\ b'' < 0,\ d > 0,\ d' > 0,\ d'' > 0,\ \gamma > 0,\ \gamma' > 0,\ \gamma'' < 0,\ c > 0,\ c' > 0$ および $c'' < 0$ となる．

　建設業者は，社会的に望ましい投資 i と望ましくない投資 e の 2 種類の投資を，それぞれ 1 単位当たり 1 の費用を支払って行う．このとき，社会的厚生 W の最大化問題は

$$\max_{i,e} \ B - C - i - e$$

(2.2)

となる．ここで，望ましくない投資 e を行った場合，便益の低下 $d(e)$

が十分に大きく，すべての $e \geq 0$ において，$-d'(e)+c'(e)<1$ であると仮定する．このとき，社会的厚生最大化問題の一階の条件は，

$$b'(i^*)+\gamma'(i^*)=1$$

$$e^*=0$$

(2.3)

となる．ここで，i^* と e^* は，それぞれ社会的厚生を最大化する投資 i と投資 e である．

　投資 i は，$0 \leq i \leq i^*$ の領域で社会的便益を増やすという意味で望ましい投資である．このため，投資 i は上式を満たすプラスの値 i^* とすることが社会的厚生の最大化につながる．一方，社会的には望ましくない投資 e は，仮定から端点解になる．このため，上式が示すように，投資 e は全く行わないこと（すなわち，$e=0$）が社会的厚生の最大化には必要となる．

　しかしながら，公共事業を民間に委託する場合，その参加条件が常に満たされるように報酬体系が設定されたとしても，モラルハザードが発生するため，アンバンドリングとバンドリングのいずれのケースでも，このような社会的に最適な投資水準の組み合わせを実現できるとは限らない．以下では，この Hart の主張を，順を追ってみていくことにする．

　まず，アンバンドリング（従来型事業）の場合，建設と運営は別会社によって行われるため，1 期に投資を行う民間事業者（＝建設会社）にとって 2 期に実現する投資からの成果はすべて外部効果となり，自身のメリットにはならない．よって，その利潤最大化問題は，政府から民間事業者に支払われる基本報酬を Q_0 とすると，

$$\max \ Q_0-i-e$$

(2.4)

である．これより投資水準は以下の通り．

$$i^{ub} = e^{ub} = 0 \qquad (2.5)$$

ここで，i^{ub} と e^{ub} は，それぞれアンバンドリング事業で民間事業者が決定する投資 i と投資 e の水準である．

　すなわち，基本報酬 Q_0 が民間の参加条件を満たすように適切に設定されている場合でも，アンバンドリングの場合，民間事業者は，社会的に望ましい投資 i と望ましくない投資 e のいずれも実行しない．したがって，社会的厚生を最大化しないことになる．

　一方，バンドリング PFI 事業の場合，1 期に投資を行う民間事業者にとって 2 期の便益が改善することに対するリターンはないが，2 期の運営費用の削減は私的な利潤を高めることになる．このため，社会的厚生の一部は内部化される．すなわち，民間事業者の利潤最大化問題は，

$$\max \ Q_0 - C_0 + \gamma(i) + c(e) - i - e \qquad (2.6)$$

となる．これを解くと以下のようになる．

$$\gamma'(i^{pfi}) = 1$$
$$c'(e^{pfi}) = 1 \qquad (2.7)$$

ここで，i^{pfi} と e^{pfi} は，それぞれバンドリング事業で民間事業者が決定する投資 i と投資 e の水準である．

　上式が示すように，バンドリングの PFI 事業では，アンバンドリングの場合とは異なり，投資 i と投資 e はいずれも実行される．しかし，アンバンドリングの場合と同様に，社会的厚生は最大化されない．各投資水準が満たす一階の条件により，社会的な最適解（i^* と e^*），アンバンドリング事業（i^{ub} と e^{ub}），バンドリングの PFI 事業（i^{pfi} と

e^{pfi}）の各ケースにおける i と e の大小関係は，以下のようになる.

$$0 = i^{ub} < i^{pfi} < i^*$$

$$0 = e^{ub} = e^* < e^{pfi}$$

(2.8)

上式は，バンドリングの場合には，投資 i が過少となる一方で，投資 e は過大となることを示している. このようにバンドリング PFI 事業でも非効率が生まれる理由は，Hart のモデルで内部化されるのは費用削減効果 $\gamma(i)$ や $c(e)$ のみで，便益に与える影響は内部化されないからである. このため，便益にプラスの影響 $b(i)$ を与える投資 i は過少となる一方，便益にマイナスの影響を与える投資 e は過大となる.

　すなわち，基本報酬 Q_0 が民間の参加条件を満たすように適切に設定されているとしても，望ましい投資 i はアンバンドリングとバンドリングのいずれの場合も過少となる一方で，望ましくない投資 e はアンバンドリングの場合に最適な水準（すなわち，$e = 0$）が実現するが，バンドリングの場合には過大となる. Hart は，この結果から，バンドリングの PFI 事業とアンバンドリング（従来型事業）は一長一短であると主張した.

　もっとも，以上のような Hart の結果は，バンドリングの PFI 事業においても便益 B が全く民間事業者に分配されないため，投資の便益 B への影響が内部化されないという仮定に大きく依存している. 確かに，不完備契約の下では，公共施設を運営する民間事業者に便益 B を成功報酬として直接分配することは容易ではない. しかし，事業に不確実性があり，事業の優劣（成功か失敗か）が明確に立証できる場合，成功報酬を適切に設定することで，バンドリングの PFI 事業によって社会的厚生を最大化できる可能性がある. 以下では，このことをモデルを使って説明する.

2.4 不確実性と成功報酬の役割

本節では，前節で紹介した Hart (2003) のモデルをベースに，成功報酬を適切に設定することで，バンドリングの PFI 事業でいかに社会的厚生を最大化できるかを考察する．以下の分析は，事業の成果に不確実性を導入するという点で，Hart モデルとは異なるが，それ以外のモデルの構造は，前節と全く同じである．ただし，公共事業における不確実性の度合いは，2 つの種類の投資水準 i と e に依存するケースを考察する．

議論を簡単にするため，当該事業の不確実性は成功か失敗かの 2 つであるとし，事業は確率 p で成功してプラスの社会的便益 $B(>0)$ を生み出す一方で，確率 $1-p$ で失敗して，社会的に全く便益を生まない（すなわち，$B=0$）と仮定する．加えて，成功確率 p は，民間事業者が 1 期に決定する 2 つの種類の投資水準に依存して，$p = p_0 + p_1(i) - p_2(e)$ と書き表されるとする（ただし，$p_1'(i) > 0$, $p_1''(i) < 0$, $p_2'(e) > 0$, $p_2''(e) > 0$ および $0 < p_0 + p_1(i) - p_2(e) < 1$）．

このとき，公共事業からの社会的厚生の期待値 W は，

$$W = pB - C - i - e$$
$$= (p_0 + p_1(i) - p_2(e))(B_0 + b(i) - d(e)) - C_0 + \gamma(i) + c(e) - i - e$$

$$(2.9)$$

と書き表される（この社会的厚生の期待値 W は，$p=1$ のとき前節の Hart のモデルに一致する）．このため，$\frac{\partial^2 W}{\partial i^2} < 0$ および $\frac{\partial^2 W}{\partial e^2} < 0$ と仮定すると，社会的厚生の期待値 W を最大にする投資水準 i と e に関する一階の最適化条件は，

$$p_1'(i)(B_0 + b(i) - d(e)) + (p_0 + p_1(i) - p_2(e))b'(i) + \gamma'(i) = 1$$

$$(2.10)$$

$$-p_2'(e)(B_0 + b(i) - d(e)) - (p_0 + p_1(i) - p_2(e))d'(e) + c'(e) \leq 1$$

となる．したがって，望ましくない投資 e は端点解になると仮定する
と，社会的厚生を最大化する投資の組み合わせは，

$$p_1'(i^*)(B_0+b(i^*))+(p_0+p_1(i^*))b'(i^*)+\gamma'(i^*)=1 \qquad (2.11)$$
$$e^*=0 \qquad (2.12)$$

となる．ただし，式を簡潔にするため，$d(0)=p_2(0)=0$ と仮定した．
　先行研究で明らかにされていたように，不確実性のないケース (Hart
(2003)) や不確実性はあるがその度合いが投資水準に依存しないケース
(Iossa and Martimort (2015)) では，社会的便益 B の一部が民間事業者
に直接支払われない限り，バンドリングの PFI 事業は一般に社会的最
適解を実現できない．これは，不完備契約の下で，政府は，社会的便
益 B や民間事業者の投資水準に条件付けて成功報酬を決定することが
できないからである．しかし，事業に不確実性があり，かつその成功
確率が民間事業者の投資水準に依存する場合，社会的便益，社会的費
用，投資水準などに条件付けて成功報酬を決定できない不完備契約の
下でも，民間事業者の参加条件が満たされる限り，政府は成功報酬 Q_1
を適切に選ぶことで，バンドリングの PFI 事業が社会的最適解を実現
できる可能性がある．以下では，まずこのことを明らかにする．
　事業に投資水準に依存する不確実性を導入したケースでも，建設と
運営を別々の業者が行うアンバンドリング（従来型事業）の場合には，
1 期に投資を行う民間事業者（＝建設会社）に対して 2 期の成果に見
合った成功報酬を設定することはできない．このため，建設とは全く
異なる業者が担う運営から得られる民間事業者の利益は，Hart ら先行
研究が示したように，民間事業者への基本報酬 Q_0 と民間事業者の努
力コスト $i+e$ の差，すなわち Q_0-i-e となる．したがって，Q_0 が
投資水準 i と e に依存しない不完備契約の下では，Q_0-i-e を最大化
することで実現する均衡は，端点解 $i=e=0$ となる．これは，アンバ
ンドリングの場合，1 期に投資を行う民間事業者（＝建設会社）にとっ

て 2 期に運営を行うことによる成功報酬が存在しないので，民間事業者は投資を行うインセンティブを持たないからである．このため，アンバンドリングの場合，社会的最適解を実現できない．

これに対して，バンドリングの PFI 事業の場合，1 期の民間事業者は 2 期に公共施設等の運営を行うため，投資が成功したかどうかに応じた成功報酬 Q_1 を適切に設定することで，民間事業者に社会的に望ましい投資を行うインセンティブを生み出すことが可能となる．そこで以下では，バンドリングの PFI 事業を仮定し，どのような報酬体系が社会的に最適な解を実現するのかを考察する．

分析では，バンドリングの PFI 事業を行う民間事業者は，事業の成否に関わらず一定の報酬 Q_0（＝基本報酬）を政府から受け取ると同時に，事業が成功した場合には一定の報酬 Q_1（＝成功報酬）を政府から受け取るものとする．また，PFI 事業を請け負う民間事業者は，プロジェクトファイナンスを行う SPC（特定目的会社）で，事業が失敗した場合には努力水準のコスト $i+e$ の範囲でのみ責任を負うとする．この有限責任制の下では，民間事業者の利潤の期待値 V は，

$$V = Q_0 + (p_0 + p_1(i) - p_2(e))Q_1 - (C_0 - \gamma(i) - c(e)) - i - e \quad (2.13)$$

と書き表すことができる．

簡単な計算から，$\frac{\partial V}{\partial i} > 0$，$\frac{\partial^2 V}{\partial i^2} < 0$，$\frac{\partial V}{\partial e} > 0$ および $\frac{\partial^2 V}{\partial e^2} < 0$ を確認できる．したがって，基本報酬 Q_0 が民間の参加条件を満たすように適切に設定されているとすると，民間事業者にとって最適な投資水準の大きさを決定する一階の最適化条件は，以下のようになる．

$$p_1'(i^{**})Q_1 + \gamma'(i^{**}) = 1 \quad (2.14)$$

$$-p_2'(e^{**})Q_1 + c'(e^{**}) \leq 1 \quad (2.15)$$

ただし，式を簡潔にするため，$d(0) = p_2(0) = 0$ と仮定した．

上記の一階の最適化条件 (2.14) 式・(2.15) 式と，社会的に最適な投資

水準 (2.11) 式・(2.12) 式を比較すると，Hart が仮定した $p_1'(i) = p_2'(e) = 0$ のとき，民間事業者が選択する投資水準 i は社会的に最適な水準と比べて過少となる一方で，投資水準 e は社会的に最適な水準と比べて過大となることを確認することができる．

しかし，各投資水準が不確実性に影響を与える（すなわち，$p_1'(i)$ や $p_2'(e)$ がゼロでない）場合，成功報酬 Q_1 を適切に設定することで，民間事業者の期待利潤 V の最大化条件を社会的厚生の期待値 W の最大化条件に一致させることが可能となる．すなわち，民間事業者に与える成功報酬 Q_1 を

$$Q_1 = B_0 + b(i^*) + (p_0 + p_1(i^*)) \frac{b'(i^*)}{p_1'(i^*)} \tag{2.16}$$

と設定したときに，(2.14) 式は (2.11) 式と一致する．また，(2.16) 式を満たす成功報酬 Q_1 が，$Q_1 \geq \frac{c'(0)-1}{p_2'(0)}$ のとき，(2.15) 式は端点解，すなわち $e^{**} = 0$ となる．したがって，このような成功報酬 Q_1 は，社会的厚生の期待値 W を最大化するものとなる．

ここで注目すべき点は，社会的に最適な解を実現するには，成功報酬 Q_1 は低すぎても高すぎても好ましくないことである．民間事業者が選択する投資水準 i^{**} は，成功報酬 Q_1 が大きければ大きいほど高くなる．このため，社会的厚生の期待値 W のうち pB は成功報酬 Q_1 が大きければ大きいほど増加する．しかし，投資水準 i^{**} の増加はコスト $\gamma(i) + i$ を同時に増加させるため，i^{**} が大きい時には費用の増加が便益の増加を上回り，i^{**} の増加が逆に W を減少させることになる．このため，社会的厚生を最大化するという観点からは，成功報酬 Q_1 が低すぎても高すぎても望ましくないことになる．

2.5 羽島市民プールの整備・運営事業の事例

2.5.1 事業期間が終了した BOT 型の PFI 事業

本章では，官民連携事業を官と民のプリンシパル・エージェント関係として捉え，私的利益を追求する民の行動を社会的厚生を最大化する方向に導くには，バンドリング型の契約（民間事業者が建設と運営を同時に行う PFI 事業）を結び，その成功報酬を適切な水準に設定することが重要となることを明らかにしてきた．官民連携のなかで，そのようなバンドリング型に相当すると考えられるのがBOT 型の PFI 事業で，そこでは，民間事業者は公共施設等の所有権を持って管理・運営を行うことが可能なため，民間事業者にノウハウを発揮するインセンティブが生まれる．したがって，4 節で示したように，成功報酬を適切に設定すれば，社会的厚生の最大化を実現できる可能性がある．

もっとも，PFI 事業にはあらかじめ定められた事業期間があり，BOT 型でも民間事業者はその期間内でのみ公共施設等の所有権を持った管理・運営が可能となる．事業期間が終了した後は，バンドリング型事業が更新されない限り，官民連携は，所有権が政府・自治体に移ってしまうアンバンドリング型となってしまう．その場合，民間事業者に施設の整備を行うインセンティブはなく，社会的最適解を実現できない可能性が生まれる．本節では，このような事例として，羽島市民プールの整備・運営事業をとりあげ，そこからの教訓を考察することにする．

羽島市民プールの整備・運営事業は，2002 年 7 月から 10 年間行われた BOT 型の PFI 事業で，全国で 36 番目の PFI 事業であった．PFI 事業は，民間事業者のノウハウが発揮されたことで，おおむね成功であったと評価されている．しかし，2012 年 6 月に事業期間の終了によって施設が市に無償譲渡されたことに伴い，同年 7 月から管理・運営事業に関して「指定管理者制度」が導入された．指定管理者制度は，公の

施設の管理・運営を，民間事業者を含む幅広い団体（指定管理者）に
代行させることができる制度である．ただ，官民連携の形態としては，
公共施設等の所有権を持つのは自治体で，事業者は委託契約にもとづ
いて管理・運営業務を行うアンバンドリング型であった．このため，民
間事業者に施設の整備を行うインセンティブはなく，結果的に事業は，
施設・設備の老朽化や利用者の減少などを理由に中断に追い込まれて
しまった．以下では，このような羽島市民プールの整備・運営事業を，
事業が始まった経緯から中断に至るまで，順を追ってみていくことに
する．

2.5.2　PFI 事業の経緯

　羽島市民プールは，1971 年 7 月に屋外プールが建設され，営業を開
始した．翌年 7 月には屋内温水プールを増設し，市民の健康増進と体
位の向上を図ることを目的として（羽島市民プール条例第 1 条）利用
されてきた．開業当初は賑わいがあったものの，その後利用者は減少
し 1979 年からは土日祝日と夏季の年間 150 日のみの開業という状況に
あった．このため，屋内温水プールに余熱を提供してきたクリーンセ
ンターの閉鎖に伴い，新たな熱源の確保が必要となったことを契機に，
施設の一部改築を行うことになり，その管理・運営について，プール
監視委託業者より公設民営方式を提案された．1999 年より公設民営方
式について調査が始まり，その後 PFI 法の成立に伴って 2000 年，市役
所内に PFI についての勉強会が設置され，2001 年に PFI 手法による整
備・運営を決定した．

　2001 年 11 月 12 日，事業期間は 10 年，用地は無償提供，事業方式は
BOT のジョイントベンチャー型事業の実施方針が公表され，事業者選
定は公募型プロポーザルで行われた．VFM の算出については年間維持
管理費での比較で 22％と高い値が示された．当初，3 社 1 グループか
ら提案があったが，1 社が辞退したため，2 社 1 グループからの 3 つの

提案をもとに，羽島市民プール PFI 事業選定審査会が行われ，落札者としてドルフィン（株）・ハマダスポーツ企画（株）のグループが 2002年 2 月 22 日に選定され，同年 4 月 11 日に契約締結，7 月 2 日に供用開始となった．

　PFI 事業者には，利用者数に応じてサービス購入料が増減するという成功報酬がインセンティブとして与えられた．その結果，PFI 手法を導入したことにより，年間営業日数は 150 日から 280 日，また営業時間は 18 時が 21 時へと延長されるなど，利用者のサービス向上が実現した．また，プールにトレーニングジム等が改修新設され，スポーツに関する専門知識を有するスタッフに加え，民間のフィットネスクラブと変わらないプログラム・器具がセッティングされて，利用者の満足度の向上が図られた．バンドリング型の PFI 事業は，適切な成功報酬のもとで，民間事業者のノウハウを引き出し，地域住民の便益を高める上で大きく貢献したといえる．このような PFI 事業としての羽島市民プールの民間事業者による整備・運営は，2002 年 7 月から 10 年間行われた．

2.5.3　指定管理者制度への移行

　このように PFI 事業としては成功を収めたといえる羽島市民プールの官民連携であったが，当初の契約通り，PFI 事業は 2012 年 6 月に事業期間が終了した．それに伴って，施設は市に無償譲渡され，新たな官民連携の仕組みとして同年 7 月から指定管理者制度が導入された．公募の結果，10 年前に PFI 事業にも応募した株式会社コパンが選定された．指定管理者制度は，PFI 事業と同様，施設の管理に民間事業者等のノウハウを活用することで，利用者に対するサービスの向上を期待したものであった．ただ，民間事業者が施設の改修と管理・運営を同時に行うそれまでのバンドリング型の PFI 事業と違い，指定管理者制度では，施設の所有権が市側にあり，民間事業者は管理・運営のみを

表 2.2　指定管理者の収支及び利用状況の推移

	項目	2012 年度	2013 年度	2014 年度
収 入	指定管理料	16,800 千円	21,630 千円	22,140 千円
	PFI 運営負担金	19,062 千円	－	－
	利用料金収入	24,325 千円	29,816 千円	26,596 千円
	その他収入	34,650 千円	36,045 千円	36,439 千円
	計	94,838 千円	87,492 千円	85,176 千円
支 出	施設運営費	81,918 千円	82,031 千円	85,578 千円
	計	81,918 千円	82,031 千円	85,578 千円
	収支	12,919 千円	5,461 千円	▲ 402 千円
	利用者数	116,216 人	115,832 人	108,729 人

出所：羽島市包括外部監査人「2015 年度 包括外部監査の結果報告書」

担うアンバンドリング型であった．したがって，人件費の抑制などコスト削減のみが着目され，施設の運営経費が十分確保されていない場合は，利用者に対するサービスの低下や地域の雇用に影響を与えることが懸念されるものであった．

　実際，指定管理者制度へ移行後，指定管理料は引き上げられたにもかかわらず，指定管理者の収支は収入の減少と支出の増加によって悪化し，2014 年度には赤字となった．また，利用者数も年々減少していった（表 2.2）．このような状況下で，羽島市民プールは，施設・設備の老朽化が問題視されるようになり，今後の施設のあり方について議論をするため，市民及び有識者から構成される「羽島市民プールあり方検討委員会」（以下「検討委員会」）が設置された．その結果，2014 年9 月 2 日に検討委員会から「羽島市民プールのあり方に関する提言書」が提出され，施設の安全上の問題，改修工事と費用対効果，新設整備の財政負担及び無計画な整備回避等の観点から，「やむを得ず，できる限り速やかに廃止する．」ことが提言された．この提言を受け，市でも施設の現状，財政負担，他市及び，民間施設の状況など，今後の施設のあり方を総合的に検討し，施設の存廃の結論には至らず，やむを得ず営業を中断することとした．羽島市民プールは，2015 年 4 月以降，

営業を中断することとなった.

　中断の原因には，市の人口高齢化など別の要因も考えられるため，アンバンドリング型の官民連携に移行したことだけが，羽島市民プールの利用者数の減少や施設・設備の老朽化に結び付いたと結論付けるのは早計である．しかし，事業期間が終了する以前のバンドリング型事業が成果を収めていたことに鑑みれば，本事例は，官民連携において私的利益を追求する民の行動を社会的厚生を最大化する方向に導くには，バンドリング型の PFI 事業が望ましいという本章の結論と概ね整合的なものであったといえる.

2.6　まとめ

　官民連携による PFI 事業は，依頼人である官が代理人である民に業務を委託するプリンシパル・エージェントの関係として遂行されると考えることができる．このため，官民連携事業で社会厚生を高めるためには，エージェンシーコストを発生させないためのガバナンス構造の確立が重要である．本章では，その実現には，民のインセンティブを高めるバンドリング型の契約（民間事業者が建設と運営を同時に行う PFI 事業）を結び，エージェンシーコストを発生させないような成功報酬の体系を設定することが望ましいことを明らかにした.

　わが国の PPP/PFI 事業では，当初，学校関係，庁舎，公営住宅，美術館など，民間事業者が整備・運営した場合でも事業収益がほとんど見込めないか，見込めたとしてもごくわずかしかないタイプの事業が多かった．このため，当初は事業者が施設の管理・運営のみを担うアンバンドリング（従来型事業）に相当する BTO 型が大半で，バンドリングに相当する BOT 型は限られていた．第 4 章でみるように，コンセッション方式の導入によって，近年では，BTO 型の事業でも，施設

の管理・運営以外に多様な業務を行うことが可能となり，民のインセンティブを高める新たな試みも生まれている．しかし，公共施設の運営のなかには，宿泊施設，温泉施設，余熱処理施設など，事業者が施設の整備を同時に担うことでより多くの事業収益が見込まれるものも少なくなく，民間事業者が努力を行うインセンティブを引き出しやすい BOT 型の PFI 事業の広がりは今後も期待されるところである．

　ただ，バンドリング型の PFI 事業であっても，民のインセンティブを引き出すには報酬体系を適切に設定することが必要である．本章では，成功報酬に焦点を当てて，その役割を分析した．しかし，良質な民の事業に参加するインセンティブを高め，逆選択によるエージェンシーコストを防ぐには，基本報酬を適切に設定することも同時に重要となる．次章では，このような観点から，社会厚生を高めるための官民連携のあり方を考察することにする．

第 3 章　逆選択と基本報酬の関係

3.1　はじめに

　第 2 章では，官民連携における PFI 事業を，依頼人である官が代理人である民に業務を委託するプリンシパル・エージェント関係として捉え，その下で社会的厚生の最大化という公益目的（政策目的）がいかに実現されるかを考察した．契約が不完備である場合，エージェンシーコストを減らし，私的利益を追求する民の行動を社会的便益を高める方向に導くには，民のインセンティブを高めるように事業形態を選択し，その報酬体系を設定することが重要である．第 2 章では，このような観点から，民のモラルハザードを防いで社会的に望ましい結果に導くには，バンドリング型の PFI 事業の下で，成功報酬を適切な水準に設定することが望ましいことを明らかにした．しかし，エージェンシーコストという観点からは，良質な事業者よりも悪質な事業者が選ばれるという「逆選択」を回避することも，官民連携による事業がうまく機能するためには同時に重要である．

　そこで本章では，不完備契約の下で逆選択を起こさないためには，適切な基本報酬を設定することが重要となることを明らかにする．一般に，代理人としての民に支払われる報酬は，事業の成否とは無関係に支払われる基本報酬と，事業が成功した場合に支払われる成功報酬から成る．このうち，適切な成功報酬の設定は，第 2 章で示したように，モラルハザードを防ぐ上で有用である．一方，基本報酬の設定は，モ

ラルハザードを防ぐ上では重要ではないが，逆選択を起こさないためには有用である．以下ではこのことを，理論的・実証的に考察する．

逆選択の問題を考察する上で核となる概念が，代理人としての民の「参加条件」である．PFI 事業において民が公共事業に参加する場合，経営資源の制約から民には別の事業を行えなくなるという「機会費用」が発生する．このため，民は，PFI 事業に参加したことによって得られる私的利益が，別の事業を行った場合に得られたはずの利益（＝「留保利益」）を上回るという参加条件が満たされるときのみ，PFI 事業に参加することになる．ただ，その際の留保利益は，通常，民間事業者の間で同じではない．さまざまなビジネス・チャンスに恵まれる優良企業は留保利益が高いのに対して，ビジネス・チャンスの少ない企業は留保利益が低いと考えられる．このため，PFI 事業において民が得る私的利益が低く抑えられると，優良企業の参加条件は満たされなくなり，非効率な企業のみが事業に参加するという好ましくない事態が発生する可能性が高まることになる．

官にとって，財政支出を削減するという観点からは，民に支払う報酬は低ければ低いほどよい．しかし，「安かろう悪かろう」という言葉があるように，官民連携における PFI 事業においても，民に支払う報酬が低ければそれだけ事業の質は低下する恐れがある．このことは，公の財政支出がどれだけ削減されるかという観点で行われる VFM にもとづく事業の評価では不十分で，官民連携における PFI 事業を行う民の便益やインセンティブを考慮して社会的便益を分析することが必要であることを示唆している．

わが国における官民連携事業を評価した研究は数多く存在する．しかし，赤井 (2006) などの研究を例外とすれば，これまでの官民連携事業の評価は，公の財政支出がどれだけ削減されるかという観点で行われることが多く，社会全体の便益への影響を分析した研究は少なかった．以下では，このような問題意識に立って，逆選択を防ぐためには

基本報酬を適切に設定することが有用であることを，理論分析，事例研究，および実証分析で明らかにしていく．

　2 節ではまず，優良な民間事業者の参加インセンティブを高めるには，適切な基本報酬を設定することが望ましいことを理論的に明らかにする．理論モデルの分析を通じて，PPP/PFI 事業における官と民のプリンシパル・エージェント関係を考えるにあたり，逆選択を回避するという観点からみると代理人としての民に支払われる基本報酬を適切に設定するかが大事であることを示す．次に，この結果の妥当性を検証するため，3 節では，これまでわが国で行われてきた官民連携における PFI 事業の破綻事例として「タラソ福岡の運営事業（臨海工場余熱利用施設整備事業）」を取り上げ，その失敗の原因の 1 つに基本報酬の設定があった可能性を議論する．さらに 4 節では，わが国の PFI 事業のうち，(i) 廃棄物処理施設，(ii) ごみ処理施設の余熱利用施設（プール），(iii) 浄水場・排水処理施設や浄化槽等事業，(iv) 下水道処理施設，(v) 教育・文化関連施設の 5 事業に関するパネルデータ 137 件を用いて，理論仮説の妥当性を検証する実証分析を行う．

3.2　理論モデル

3.2.1　基本報酬と参加条件

　以下で用いるモデルは，基本的には第 2 章 4 節で展開した不確実性がある場合の Hart モデルである．ただし，議論を簡単にするため，2 種類の投資のうち，社会的に望ましくない投資 e は存在せず，民は社会的に望ましい投資 i のみを行うものと仮定する．また，表記を簡素化するため，$p(i) \equiv p_0 + p_1(i)$ と定義する．このとき，公共事業からの社会的厚生の期待値 W は，

$$W = p(i)(B_0 + b(i)) - (C_0 - \gamma(i)) - i \tag{3.1}$$

と書き表される．一方，基本報酬を Q_0，成功報酬を Q_1 とすると，バンドリング型の PFI 事業を委託された民間事業者（特別目的会社 SPC）の利潤の期待値 V は，

$$V = Q_0 + p(i)Q_1 - (C_0 - \gamma(i)) - i \tag{3.2}$$

と書き表すことができる．このとき，$\frac{d^2W}{di^2} < 0$ と仮定すると，社会的厚生の期待値 W を最大にする投資水準 i に関する一階の最適化条件は，

$$p'(i)(B_0 + b(i)) + p(i)b'(i) + \gamma'(i) = 1 \tag{3.3}$$

となる．また，基本報酬 Q_0 が民間の参加条件を満たすように適切に設定されているとすると，第 2 章 4 節で示したように，民間事業者に与える成功報酬 Q_1 を

$$Q_1 = B_0 + b(i^*) + \frac{p(i^*)b'(i^*)}{p_1'(i^*)} \tag{3.4}$$

と設定したとき，バンドリング型 PFI 事業の投資水準は社会的厚生の期待値 W を最大化するものとなる．すなわち，成功報酬 Q_1 を適切に設定することで，民間事業者の期待利潤 V の最大化条件を社会的厚生の期待値 W の最大化条件に一致させることが可能となる．

　もっとも，仮に政府が民間事業者に与える成功報酬 Q_1 を適切に設定したとしても，民間事業者に対する基本報酬 Q_0 が適切に設定されない場合，PFI 事業に優良な民間事業者が参加しない可能性がある．これは，基本報酬 Q_0 が低すぎる場合，民間事業者の参加条件が満たされなくなるからである．

　このことをみるため，留保利益（民間事業者が同じリソースを使って他で事業を行った場合に得られる利益）を V_0 とする．このとき，民間事業者がバンドリング型の PFI 事業に参加する条件は，$V \geq V_0$，す

なわち

$$Q_0 + p(i^*)Q_1 - (C_0 - \gamma(i^*)) - i^* \geq V_0 \tag{3.5}$$

となる．この不等号は，仮に成功報酬 Q_1 が適切に設定され，民間の投資水準が社会的に望ましい i^* と一致したとしても，基本報酬 Q_0 の値が十分に低い場合には成立しない．このため，社会的厚生の期待値 W を最大化するには，成功報酬 Q_1 を (3.4) 式を満たすように決定すると同時に，基本報酬 Q_0 を以下の不等号を満たすように設定することが必要となる．

$$Q_0 \geq Q_0^* \equiv V_0 - p(i^*)Q_1^* + (C_0 - \gamma(i^*)) + i^* \tag{3.6}$$

ただし，$Q_1^* \equiv B_0 + b(i^*) + \frac{p(i^*)b'(i^*)}{p_1'(i^*)}$ ．

　もちろん，バンドリング型の PFI 事業を行う場合，民間事業者に対する基本報酬 Q_0 は，仮にそれが社会的厚生の期待値 W を最大化するものであったとしても，高すぎることは政府にとって望ましいことではない．これは，社会的厚生の期待値 W は民間事業者の期待利得を含むものなので，W を最大化する報酬であっても，政府の財政支出の期待値（ $= Q_0 + p(i^*)Q_1$ ）を増やす可能性があるからである．政府が PFI 事業を実施する理由は，民間事業者のノウハウを引き出すことで社会的厚生を高めるだけでなく，事業を行うことによる財政負担を減らすことにある．基本報酬 Q_0 が必要以上に高ければそれだけ政府の赤字は増えることになる．このため，民間事業者の参加条件 (3.5) 式が満たされる限り，基本報酬 Q_0 は (3.6) 式を等号で満たすように設定することが，社会的厚生の期待値を最大化すると同時に政府の財政負担を最小にするという意味で，政府にとって最も望ましいといえる．

3.2.2　民間事業者の留保利益の異質性

　これまでの議論では，すべての民間事業者は同質であるものとして参加条件を考察してきた．しかし，実際の民間事業者は，同質的でなくその留保利益や生産性は異なると考えられる．特に，民間事業者の留保利益 V_0 は，他のビジネス・チャンスも多い優良な事業者ほど高いと考えられる．したがって，基本報酬 Q_0 の値が低い場合には，留保利益 V_0 の低い事業者のみが事業に参加する可能性がある．

　このことをみるため，バンドリング型の PFI 事業に関して，留保利益，成功確率，およびコストが異なる複数の民間事業者が存在するケースを考察する．以下では，留保利益が大きい民間事業者ほど，成功確率やコストが高いと仮定し，民間事業者 j（$j = 1, 2, \cdots .., N$）の留保利益は $\alpha_j V_0$，成功確率は $\alpha_j p(i^*)$，コストは $\alpha_j [C_0 - \gamma(i^*) + i^*]$ と書き表せるものとする．ただし，α_j（> 0）は異質性を決めるパラメータである．

　このとき，社会的厚生の期待値を最大化する民間事業者の成功報酬は，(3.4) 式より，全ての民間事業者 j（$j = 1, 2, \cdots .., N$）に共通で，

$$Q_1 = Q_{1,j} \equiv B_0 + b(i^*) + \frac{p(i^*) b'(i^*)}{p_1'(i^*)} \tag{3.7}$$

となる．しかし，留保利益が異なることから，民間事業者 j の参加条件は，基本報酬 Q_0 が以下の不等号を満たす場合となる．

$$Q_0 \geq Q_{0,j} \equiv \alpha_j [V_0 - p(i^*) Q_{1,j} + C_0 - \gamma(i^*) + i^*] \tag{3.8}$$

したがって，同じ基本報酬であっても，α_j の大きさが異なることによって，事業に参加する民間事業者と参加しない民間事業者が生まれる可能性がある．すなわち，以下の命題が成立する．

命題　民間事業者 j（$j = 1, 2, \cdots .., N$）の異質性を $\alpha_1 < \alpha_2 < \cdots < \alpha_k < \alpha_{k+1} < \cdots < \alpha_N$ とし，$V_0 > p(i^*) Q_{1,j} - (C_0 - \gamma(i^*) + i^*)$ であると仮定す

る．このとき，社会的厚生の期待値を最大化するには，基本報酬 Q_0 を $Q_{0,N}$ 以上に設定する必要がある．ただし，$Q_{0.N} \equiv \alpha_N[V_0 - p(i^*)Q_{1,j}^* + (C_0 - \gamma(i^*) + i^*)]$.

証明　$V_0 > p(i^*)Q_{1,j} - (C_0 - \gamma(i^*) + i^*)$ であることから，$\alpha_1 < \alpha_2 < \cdots < \alpha_k < \alpha_{k+1} < \cdots < \alpha_N$ ならば，$Q_{0,1} < Q_{0,2} < \cdots < Q_{0,k} < Q_{0,k+1} < \cdots < Q_{0,N}$ が成り立つ．よって，政府が基本報酬 Q_0 を $Q_{0,k} \leqq Q_0 < Q_{0,k+1}$ としたとき，参加条件 (3.5) 式から，タイプ h_1（ただし，$h_1 \leq k$）の民間事業者は PFI 事業に参加するインセンティブがあるが，タイプ h_2 の民間事業者（$h_2 \geq k+1$）は参加するインセンティブがない．一方で，政府は，社会的厚生の期待値を最大化するような α_j をもつ民間事業者を選定する必要がある．また，民間事業者 j が PFI 事業を行った場合，$W_j = \alpha_j[p(i^*)(B_0 + b(i^*)) - (C_0 - \gamma(i^*) + i^*)]$ となるので，社会的厚生の期待値は $\alpha_j = \alpha_N$ のとき最も大きい．したがって，社会的厚生の期待値を最大化するには，基本報酬 $Q_0 \geq Q_{0,N}$ にすることが必要となる．　　　　　　　　　　　□

　上記の命題は，財政負担をできるだけ小さくしたいと考える政府であっても，基本報酬を少なくとも $Q_{0,N}$ に設定しなければならないことを示している．すなわち，財政負担の軽減という点では基本報酬は高すぎることは望ましくないが，基本報酬が低すぎることも，社会的厚生を最大化する民間事業者の参加条件が満たされなくなる逆選択が起こるために望ましくないことになる．

　第 2 章で述べたように，官民連携における PFI 事業を不完備契約の観点から考察した研究として，Hart, Shleifer と Vishny (1997) や Hart (2003) がある．また，Iossa and Martimort (2015) は，Hart モデルに不確実性を導入している．しかし，これらの先行研究はいずれも民間事業者は同質であることを仮定していたため，官が民を選定する際に逆

選択が生じることはなかった．本節の理論モデルでは，民間事業者の異質性を考慮した不完備契約モデルの場合，官が提示する基本報酬が低ければ，留保利益の低い民のみがプロジェクトに関与して逆選択の要因と成り得ることを示したことになる．

3.3 事例研究：タラソ福岡の運営事業

前節では，PFI 事業において民が得る基本報酬が低く抑えられると，優良企業の参加条件が満たされなくなり，非効率な企業のみが事業に参加するという好ましくない事態が発生することを理論的に明らかにした．以下では，この考え方がわが国でこれまで行われてきた PFI 事業にどれだけ妥当性を持つかを考察する．そのため，本節ではまず，破綻に追い込まれた PFI の事例として「タラソ福岡の運営事業（臨海工場余熱利用施設整備事業）」を取り上げ，民への「基本報酬」のあり方がインセンティブを歪めたことによって事業の「失敗」につながった可能性を検討する[1]．

表 3.1 でまとめられているように，本事業は，2000 年 3 月に方針が発表され，同年 5 月に事業者の募集が行われた国内で 3 番目の PFI 事業である．ゴミ焼却施設の設置に伴い，廃熱の利用が考えられ，温浴整備を含む総合的な健康増設施設の併設が期待された．募集期間が短いことや PFI 事業の国内での例が少なかったことから，募集に応じたのは 2 グループにとどまり，結果的に大木建設を中心としたグループが事業者に選ばれることになった．資金計画，建設，運営のほとんどが事業者に託されたバンドリング型（BOT 方式，ジョイントベンチャー型）の PFI 事業は，2002 年 4 月にタラソ福岡としてサービスが開始さ

---

[1] PFI の中止事例や失敗事例を分析した先行研究として，大下（2007），臼田（2009），服部・阿部（2009）などが参考になる．

表 3.1　「タラソ福岡の運営事業」に関する経緯

1998 年度	基本設計
1999 年度	地元協議，調整会議，議会説明，実施方針公表
2000 年 3 月 30 日	事業方針決定
2000 年 5 月 30 日	特定事業の選定，募集要項等の配布
2000 年 11 月 4 日	落札者の決定
2001 年 2 月 1 日	事業契約締結
2001 年度	設計・工事施工
2002 年 4 月 1 日	営業開始
2004 年 3 月 30 日	優先交渉権者の代表構成員であり，SPC「(株)タラソ福岡」の筆頭株主であり，かつ資金融資者である大木建設(株)が民事再生手続きを申立て
2004 年 9 月	(株)タラソ福岡 施設閉鎖を決定
2004 年 12 月 1 日	タラソ福岡閉館
2005 年 1 月	新 SPC「福岡臨海 PFI (株)」設立
2005 年 4 月 1 日	タラソ福岡 運営再開
2017 年 3 月	契約満了に伴い再び閉鎖
2017 年 11 月	株式会社ダンロップスポーツウェルネスと福岡市が賃貸借契約
2018 年 4 月 13 日	「ダンロップスポーツクラブ福岡箱崎店」としてリニューアルオープン

出所：自治体の報告書より筆者作成.

れた. 大木建設のグループが当初想定した年間売り上げは 4 億 4000 万円だったが，初年度の売り上げは 2 億 1000 万円にとどまった. 役員報酬を放棄したり，大木建設が資金繰りを手助けしたりしたが，大木建設自体の資金繰りが悪化して民事再生法の適用を申請することとなり，それに伴い，タラソ福岡も 2004 年 11 月に施設が閉鎖することとなった. 施設が閉鎖されたタラソ福岡は，その後，2005 年 4 月に，市による公費の追加負担なく，一時的には事業再生を実現した[2]. しかし，PFI

---

[2] 2005 年 4 月に運営会社を福岡臨海 PFI 株式会社に変更して再開したが，会員数が伸び悩んだことや施設の維持修繕費用の負担が原因で，当初の事業予定期間の期限となる 2017 年 3 月をもって再び閉鎖となった. その後，福岡市では再度の事業者公募を行い，2017 年 11 月，株式会社ダンロップスポーツウェルネスと福岡市が賃貸借契約を結び，2018 年 4 月 13 日に「ダンロップスポーツクラブ福岡箱崎店」としてリニューアルオープンした.

事業が一時は破綻し，施設閉鎖に追い込まれたことの教訓は少なくないと考えられ，以下ではその要因を考察する．

　事業が失敗した要因としては，さまざまなことが指摘されている．例えば，PFI 法施行後における初期の案件であったために，官と民いずれもがプロジェクトファイナンスの本来あるべき姿を十分理解しておらず，PFI 事業の経営悪化時にも経営状況のモニタリングが十分に機能しなかった点が指摘されている．また，タラソテラピー事業の経験がない建設会社が代表企業となっていたため，過大な需要予測で利用者収入が多く見積もられたことや，運営段階におけるマネジメントでのノウハウ不足という点でも，問題があったのではないかと思われる．さらに，選定された事業者が事業開始後に倒産してしまったことが PFI 事業破綻にも影響したことを考えると，事業者選定段階で民の財務状況等を確認しておらず，資格審査制度に不備があったことが指摘されよう．

　しかし，より重要な要因と考えられるのは，PFI 事業者との契約金額（基本報酬）に問題があったことである．タラソ福岡事業には，2 つのグループの民が応募した．ひとつは，この事業の受注事業者となった A 社（大木建設を中心としたグループ）で，もうひとつが B 社である．市の上限契約価格は 17 億円だったところ，A 社が提示した契約額は上限を大きく下回る 11 億 9000 万円で，B 社は上限に近い 16 億 9000 万円であった．両社間の 5 億円の価格差は大きく，その結果として A 社が選ばれた．しかし，A 社が提示した 11 億 9000 万円が本当に妥当な金額であったのか否かは疑問が残るものであった．タラソ福岡の事業期間は 15 年であり，契約金額には当然，施設建設のイニシャルコストと 15 年間のランニングコストの両方を含むはずだが，A 社とその親会社である大木建設は，契約額よりも 1 億円も高い 12 億 9000 万円でタラソ福岡の施設を建設するという不可解な契約を締結していた．仮に提示した契約金額が上限に近かった B 社が受注していれば，事業の成

否は全く異なったものになっていた可能性がある．契約金額が本来あるべき基本報酬の水準を大きく下回った結果，タラソ福岡の持続可能性はスタート時点でかなり厳しい状況になっていたといえる．

　このことは，本事業において民が得る基本報酬（＝契約金額）が低く抑えられた結果，事業を成功に導く優良企業の参加条件が満たされなくなり，経験も少なく，甘い需要見通しを行った企業のみが事業に参加するという好ましくない事態が発生してしまった可能性を示唆している．実際，官民連携における PFI 事業が総事業費をどれほど削減できるかを示す指標 VFM をみてみると，タラソ福岡の運営事業の VFM は特定事業選定時に 21.0%，入札後に 30.0%と非常に高いものであった．通常，VFM は 10%を超えれば十分であると考えられるので，タラソ福岡の VFM がいかに高いものであったかがわかる．高い VFM は財政負担を軽減するという面では，一見，官にとって望ましい面がある．しかし，高い VFM を実現するために基本報酬（＝契約金額）を本来あるべき水準よりも低く抑えるようなことがあれば，高すぎる VFM は逆選択を引き起こすことで結果的に社会的に望ましくない帰結をもたらす可能性がある．

3.4　実証分析

　これまでの節では，PFI 事業において民のインセンティブを高めるためには，適切な契約金額（基本報酬）の設定が大きな役割を果たすことを理論分析や事例研究を通じて明らかにした．官が過度に PFI 事業による費用削減効果を期待し，基本報酬を低く抑えた場合，逆選択が発生して事業が中止されるなど社会的に望ましくない結果につながる可能性があることを示唆したものといえる．もっとも，わが国の PFI 事業において，基本報酬が低すぎることによる逆選択がどれだけ重要

な問題であるかは，理論分析や1つの事例をもって一般化することは難しい．また，タラソ福岡の運営事業のように PFI 事業が中止となった事例は，かなり特殊な事例である．そこで，以下では，わが国の PFI 事業のパネルデータを用いて，これまでの結果がより一般的に該当するかどうかを考察する．

わが国では，官民連携における PFI 事業の有効性をパネルデータに基づいて評価した実証研究は非常に少なく，下野・前野（2010）と要藤・溝端・林田（2015）などに限られる．また，これらの先行研究は，財政負担の軽減割合を示す VFM を高めることが望ましいと考え，わが国の PFI 事業のデータを用いた実証分析をしている．官は適切に VFM を評価してきたと仮定したため，先行研究では高い VFM を達成することが最終的な政策目標とされた．2001年7月に内閣府 PFI 推進委員会が公表した「VFM（Value For Money）に関するガイドライン」でも，公共施設等の整備に関する事業を PFI として実施するかどうかの基準は，「VFM の有無を評価することが基本となる」と述べられている．

しかし，官が PFI 事業の方針を決定する際に，しばしば VFM を過大評価してしまう可能性はある．VFM とは，支払い（Money）に対して最も価値の高いサービス（Value）を供給する考え方のことで，公共部門が自ら実施する従来の方式と比べて PFI の方が総事業費をどれだけ削減できるかを示す割合を事前に（事業が開始される前に）評価したものである．したがって，官から民に支払われる基本報酬が小さいとき，仮にそれが事後的に望ましくない帰結をもたらす場合でも，VFM は大きくなる傾向がある．

特に，VFM には，事業公表時に官が試算する「計画時 VFM（特定事業選定時 VFM）」と，事業者が選定された後に民が試算する「契約時 VFM（入札結果時 VFM）」がある．官が計画時に基本報酬を低く見積もった場合，基本報酬と計画時 VFM の間に負の相関関係が生まれる．このため，仮に官が計画時に設定した低い基本報酬が逆選択を起

こすとすれば，PFI 事業の質は計画時 VFM が高いほど良いとはもはや言えない．そこで以下の実証分析では，「計画時 VFM が高い＝基本報酬が低い」と考え，「計画時 VFM が高いほど PFI 事業で逆選択が起こる」いう仮説をテストすることで，本章でこれまで説明してきた理論モデルや事例研究の妥当性を検討する．

　まず，官が計画時 VFM を過大評価した場合（すなわち，計画時に官が基本報酬を低く見積もった場合），高い留保利益を有する民が PFI 事業への応募をためらうという逆選択が起こっていたかどうかを PFI 事業のパネルデータに基づいて分析する．次に，計画時 VFM と契約時 VFM の差に着目し，低い留保利益を有する民が選定されることで，民が試算する契約時 VFM に大きな改善がみられない逆選択が起きていた可能性を明らかにする．

　分析の対象とした PFI 事業は，(i) 廃棄物処理施設，(ii) ごみ処理施設の余熱利用施設（プール），(iii) 浄水場・排水処理施設や浄化槽等事業，(iv) 下水道処理施設，(v) 教育・文化関連施設の 5 事業である．これらの事業をサンプルとして選択した理由は，タラソ福岡の運営事業と類似の事業だからである．サンプル期間は，各地方公共団体が民を選定した時点を基準として，2000 年 3 月から 2018 年 3 月までである．

　以下の推計で用いる変数は，計画時 VFM，契約時 VFM，事業期間，応募企業数，推定契約金額，および選定された民間事業者（SPC）の代表企業の資本金である．代表企業の資本金は，会社の有価証券報告書やホームページから入手した．また，それ以外の変数は，『PFI 年鑑 2018 年版』より入手した．表 3.2 は，これら変数の記述統計量を示したものである．サンプリングされた PFI 事業の VFM の平均は，計画時が 12％，契約時が 20％と，わが国の PFI 事業全体の平均と比べると大きかった．ただ，全ての変数において標準偏差が大きく，VFM もサンプル企業の間で十分なばらつきがあった．

58

表 3.2　変数の記述統計量

	平均	標準偏差	最大値	最小値	観測数
計画時 VFM（%）	12	9	49.5	1.9	136
契約時 VFM（%）	20	14	60.9	1.2	94
事業期間(年)	16	5	30	8	137
応募企業数	3	2	9	1	137
推定契約金額(百万円)	11253	13013	77760	10	132
推定イニシャルコスト(百万円)	5264	6475	35000	0	125

3.4.1　計画時 VFM が事業者の規模に与える影響

これまでの節でみてきたように，計画時 VFM が高い（＝基本報酬が低い）と，優良企業が入札に応じるインセンティブが低下する逆選択が起こる可能性がある．そこで以下では，官が提示した計画時 VFM の大小が，選定された民間事業者（SPC）の代表企業の性質（規模，上場有無）にどれほど影響を与えるかを推計することで，この可能性がわが国の PFI 事業でどれだけ重要な問題であったかを検証する．

はじめに，計画時 VFM の大小が，選定された SPC の規模にどれほど影響を与えるかを推計する．一般に，規模の大きな SPC ほど，ノウハウも豊富な優良企業であると考えられる．推計では，SPC の規模の代理変数として代表企業の資本金の対数を用い，それを以下のように計画時 VFM に回帰した．

$$\log(\text{資本金}_{i,j}) = \text{定数項} + a * \text{計画時 } VFM_j + \sum_{h=1}^{H} b_h X_{i,j}^h \qquad (3.9)$$

ここで，資本金$_{i,j}$＝事業jにおける SPC の代表企業iの資本金，計画時VFM_j＝事業jの計画時 VFM，および$X_{i,j}^h$＝コントロール変数h ($h=1,\dots,H$).

資本金は，代表企業が株式会社である限り，上場の有無にかかわらず入手可能なデータである．したがって，上場の有無によるサンプルセレクション・バイアスを回避しつつ，企業の特徴を捉えることが可

表 3.3 (3.9) 式の推計結果

	推計 I	推計 II	推計 III
計画時 VFM	−0.050	−0.049	−0.047
	$(-2.715)^{***}$	$(-2.573)^{**}$	$(-2.325)^{**}$
事業期間	−0.002	−0.010	0.004
	(−0.056)	(−0.299)	(0.112)
子会社ダミー	4.782	4.638	4.739
	$(10.598)^{***}$	$(9.304)^{***}$	$(8.446)^{***}$
非上場ダミー	−5.639	−5.537	−5.702
	$(-13.211)^{***}$	$(-12.082)^{***}$	$(-10.813)^{***}$
ln（契約金額）		0.109	−0.052
		(0.733)	(−0.233)
応募企業数			0.097
			(1.094)
イニシャルコスト			0.000
			(0.892)
タイムダミー	yes	yes	yes
観測値の数	125	123	117
自由度調整済み決定係数	0.760	0.759	0.749

注) 括弧内は t 値. *** が 1%有意, ** が 5%有意, * が 10%有意.

能な変数である. ベースラインの推計では, 事業期間に加えて, 非上場ダミー, 子会社ダミー, 年ダミーをコントロール変数として用いた. ここで, 非上場ダミーあるいは子会社ダミーは, SPC の代表企業が非上場あるいは子会社であった場合に1, それ以外の場合は0をとる. 年ダミー（T）は, 事業者が選定された年が T 年の場合は1, それ以外の場合は0をとる. 推計結果の頑健性をチェックするため, 推定契約金額の対数, 応募企業数および事業の推定イニシャルコストをコントロール変数に加えて推計も行った.

　表 3.3 は, (3.9) 式の推定結果をまとめたものである. まず, コントロール変数の効果についてみてみると, 事業期間や契約金額は代表企業の資本金に大きな影響を与えなかった. これは, SPC における代表企業の規模が必ずしも PFI 事業の事業期間や規模に依存しないことを意味している. これに対して, 非上場ダミーは有意に負の値をとった

一方で，子会社ダミーは有意に正の値であった．これは，非上場でか
つ上場企業の子会社ではない企業であれば，資本金が小さい傾向にあ
ることを反映したものと考えられる．

　もっとも注目すべき結果は，コントロール変数の選択に関わらず，計
画時 VFM が常に有意な負の係数をとったことである．これは，計画時
VFM が高かった時，SPC における代表企業の規模が相対的に小さい傾
向にあったことを意味する．各事業者が PFI 事業への参加の可否を決
定するとき，官が試算した計画時 VFM も入札の判断材料の一つとな
る．したがって，官が計画時に適切な基本報酬の設定を行っていれば，
適切な計画時 VFM は高い留保利益を持つ大企業の参加を促したはず
である．しかし，官が計画時に基本報酬を低く設定して計画時 VFM を
過大評価したならば，高い計画時 VFM は留保利益の大きい大企業に
とって悪いシグナルとなる可能性が高い．この場合，留保利益の低い
規模の小さい事業者のみが入札に参加するインセンティブを持つこと
になる．以上の結果は，このような逆選択と整合的なものである．

3.4.2　計画時 VFM が事業者の上場ステータスに与える影響

　前節では，代表企業の資本金を企業規模の代理変数として，「計画時
VFM の大小が選定された PFI 事業者の企業規模に与える影響」を検証
した．本節では，「計画時 VFM の大小が選定された PFI 事業者の上場
ステータスに与える影響」を分析する．上場企業は，大企業が多くか
つ財務情報の透明性が高いという意味で優良企業といえる．これに対
して，非上場企業は，中堅・中小企業が多いだけでなく，財務情報も
十分に開示されない傾向がある．このため，非上場企業では，事業の
実行可能性などに関する情報が上場企業に比べて不完全な傾向にある．

　推計式（3.10）は，被説明変数が 0 か 1 の 2 値で表されるプロビッ
トモデルである．被説明変数を上場ダミー（代表企業が上場している
場合は 1，それ以外は 0）とし，説明変数は計画時 VFM と事業期間と

表 3.4　(3.10) 式のプロビット推計

	推計 I	推計 II	推計 III
定数項	−0.692	−2.937	−4.403
	(−1.350)	(−2.145)**	(−2.835)***
計画時 VFM	−0.048	−0.043	−0.041
	(−2.812)***	(−2.299)**	(−2.146)**
事業期間	0.080	0.057	0.068
	(2.890)***	(1.831)*	(2.054)**
ln（契約金額）		0.329	0.413
		(1.999)**	(2.304)**
イニシャルコスト		−0.0000492	0.000
		(−1.820)*	(−2.000)**
応募企業数			0.197
			(2.808)***
観測値の数	136	124	124
疑似決定係数	0.128	0.147	0.198

注) 括弧内は t 値. *** が 1% 有意, ** が 5% 有意, * が 10% 有意.

した. また, 頑健性をチェックするため, 応募企業数, 推定契約金額の対数, 推定イニシャルコスト（初期費用）をコントロール変数とした.

$$y_{i,j}^* = 定数項 + c * 計画時\,VFM_j + d * 事業期間_j + \sum_{m=1}^{M} e_m X_{i,j}^m + u_{i,j}$$

(3.10)

ここで, $y_{i,j}^*$ = 事業 j における代表企業 i の上場ダミーの潜在変数, 事業期間$_j$ = 事業 j の事業期間（年）, $X_{i,j}^m$ = コントロール変数 $m(m = 1, 2, \ldots, M)$, そして $u_{i,j}$ は誤差項である. プロビットモデルでは $y_{i,j}^* > 0$ のとき,「上場ダミー」は 1 をとり, それ以外では 0 とする.

表 3.4 は, (3.10) 式の 3 つの推定結果をまとめたものである. 説明変数の組み合わせにかかわらず, 事業期間は有意に正であった. コントロール変数のうち, 事業への応募企業数と推定契約金額の対数は有意に正であったが, 推定イニシャルコストは有意に負であった. これは, 初期費用が小さい大規模な PFI 事業が上場企業をひきつける傾向があ

ることを意味している.

　注目すべき結果は，コントロール変数の選択に関わらず，計画時 VFM が有意に負の値をとることである．つまり，計画時 VFM が高いと，代表企業が非上場企業である確率が高い傾向があったといえる．非上場企業は，中堅・中小企業が多いだけでなく，財務情報の開示も不十分な傾向にあるため，この結果は本章の仮説と整合的なものといえる．高い計画時 VFM（＝低い基本報酬）は，上場企業の入札を減らし，会計の透明性が低く，情報の非対称性が問題となる非上場企業が選定される傾向を高めたといえる.

3.4.3　契約時 VFM の推計

　前項では，官が提示する計画時 VFM が高い場合，代表企業は小規模かつ非上場企業の傾向があることを明らかにした．このことは，高い計画時 VFM を有する PFI 事業では，その競争入札において，財務情報の透明性が高い大企業ではなく，より小規模で透明性の低い企業を引きつける傾向にあることを意味している．しかし，このような傾向が実際に PFI 事業のパフォーマンスに悪い結果をもたらしてきたと結論付けるのは早計である．なぜなら，規模の小さい非上場企業であっても，優良な企業は少なからず存在するからである．そこで，本節では，高い計画時 VFM によって規模の小さい非上場企業が選定されたことで，事業内容が本当に最適でなくなったかどうかを検討する．具体的には，より小規模で透明性の低い企業が選定されたとき，契約時 VFM の計画時 VFM からの改善が小さくなる傾向があったかどうかを検証する.

　官が参加企業の募集時に公表する計画時 VFM は，選定された民間事業者の提案を反映していない．しかし，官が委託する SPC を選定した後，選定された民間事業者の提案を反映させた契約時 VFM が公表される．したがって，選定された民間事業者の提案が官にとって魅力

的な場合，契約時 VFM と計画時 VFM の差（以下，「VFM 改善度」と呼ぶ）は大きくなる．逆に提案が魅力的でない場合，VFM 改善度は小さくなる．このため，以下の推計で被説明変数として用いる VFM 改善度は，官が当初計画したものに民間事業者の提案を反映させた場合，VFM がどれほど大きくなるかという観点から PFI 事業の効率性を測る代理変数となる．

具体的には，サンプリングされた PFI 事業者のデータを用いて，選定された企業の規模や上場状況で，VFM が契約時にどれだけ改善されたかを推定する．ただし，SPC を選定する際に，事業が元々有望かどうかによって応募する代表企業の企業規模や上場ステータスが影響を受ける可能性がある．このような同時性バイアスを避けるために，以下では 2 段階最小二乗法を用いた．第 1 段階では，前項のベースラインの回帰式を推計し，推計された係数を用いて，資本金または上場ステータスの予測値を計算した．第 2 段階では，この予測値が VFM 改善度（＝契約時 VFM − 計画時 VFM）に与えた影響を検証するため，以下の 2 つの式を推計した．

$$VFM \text{改善度}_j = \text{定数項} + f_1 * \widehat{\text{資本金}}_{i,j}$$
$$+ g_1 * \widehat{\text{資本金}}_{i,j} * \text{非競合ダミー}_j + \sum_{l=1}^{L} h_{1,l} X_{i,j}^l \tag{3.11}$$

$$VFM \text{改善度}_j = \text{定数項} + f_2 * \widehat{\text{上場ダミー}}_{i,j}$$
$$+ g_2 * \widehat{\text{上場ダミー}}_{i,j} * \text{非競合ダミー}_j + \sum_{l=1}^{L} h_{2,l} X_{i,j}^l \tag{3.12}$$

ここで，$VFM \text{改善度}_j$ ＝ 事業 j における契約時 VFM と計画時 VFM の差，$\widehat{\text{資本金}}_{i,j}$ ＝ 事業 j に選定された企業 i の資本金の対数の予測値，

上場ダミー$\widehat{}_{i,j}$ = 事業 j における選定された企業 i の上場の有無の予測値, $X_{i,j}^l$ = コントロール変数 l $(l = 1, \ldots, L)$ である. 非競合ダミー$_j$ は選定された企業が, 唯一の応募企業であった場合は1, それ以外は0をとる.

推計では, (3.11) 式と (3.12) 式の両方において, 説明変数として予測値と非競合ダミーの交差項（資本金$_{i,j}$*非競合ダミー$_j$ や 上場ダミー$\widehat{}_{i,j}$*非競合ダミー$_j$）を含めた. というのも, 入札が選定された企業のみである場合, 競争原理が働かず, 事業提案は魅力的でない可能性が高いからである. コントロール変数は, 事業期間, 応募企業数, 推定契約金額の対数, 子会社ダミーである.

表 3.5 は, (3.11) 式と (3.12) 式の推定結果をまとめたものである. VFM の差に影響を与えたものとして, 事業期間は有意ではなかったが, 契約金額の対数は有意に負であった. さらに, 応募企業数はコントロール変数の有無に関わらず, 常に有意に正になったが, 予測値と非競争ダミーの交差項は負であった. このような結果になったのは, 応募企業数が多いほど事業提案の質が向上したが, 入札時の競争がなかった場合には企業規模が大きくても提案の魅力が低下したためと考えられる.

最も注目すべき結果は, コントロール変数の選択に関わらず, 非競争ダミーの効果を除いた場合, 資本金と上場ダミーの予測値がいずれも常に有意な正の値をとったことである. これは, 代表企業が大規模かつ上場している場合, 入札に複数の応募があれば, 民間事業者の提案にもとづいた契約時 VFM が大きく上方修正される傾向にあったことを示している. すなわち, 小規模な非上場企業が選定されたとき, 選定された民間事業者の提案が官にとって魅力に欠ける傾向があったといえる.

PFI は, 従来の資金調達よりも優れた VFM をもたらすという意味で, 効率的に社会が必要とするサービスを提供する手法として期待されて

表 3.5　VFM 改善度の推計結果

	推計 I	推計 II	推計 III
定数項	22.199	14.786	21.609
	(1.915)*	(1.337)	(1.871)*
資本金の予測値	0.012		0.010
	(2.312)**		(1.839)*
資本金の予測値	−0.024		−0.002
* 非競争ダミー	(−2.239)**		(−0.143)
上場状況の予測値		31.413	27.066
		(2.068)**	(1.750)*
上場状況の予測値		−14.238	−14.782
* 非競争ダミー		(−2.711)***	(−1.913)*
事業期間	0.418	−0.225	−0.231
	(1.313)	(−0.473)	(−0.479)
応募企業数	2.013	2.449	1.720
	(2.576)**	(3.475)***	(2.146)**
ln（契約金額）	−3.215	−2.857	−3.428
	(−2.388)**	(−2.198)**	(−2.585)**
子会社ダミー	9.017	7.924	9.803
	(2.870)***	(2.672)***	(3.156)***
観測値の数	92	92	92
自由度調整済み決定係数	0.321	0.335	0.348

注) 括弧内は t 値. *** が 1％有意, ** が 5％有意, * が 10％有意.

いる．しかし，官が財政負担の軽減に集中するあまり，計画時 VFM を過大評価してしまうと，わが国でも事業提案の質が悪い民が選定されてしまうという逆選択が引き起こされた可能性がある．本節の実証結果は，その可能性を示唆するものといえる．

3.5　まとめ

　本章では，プリンシパル・エージェント関係においては低い基本報酬が逆選択を起こしてしまうという観点から，PFI 事業の効率性を検討した．官民の間で社会的に望ましい結果が実現するような契約を結

ぶためには，政府による適切な報酬体系の設計が不可欠である．しかし，わが国の官民連携における PFI 事業では，エージェンシーコストを疎かにして不適切な報酬体系を設計した結果，民を誘致する際に逆選択を招いてしまったケースもある．特に，過大評価された計画時 VFM は，留保収益の低い民のみが事業に関与する傾向がある点には十分な注意が必要である．

　「PFI 法」が制定された後，政策立案者は民が官よりも効率的に施設を運営できるため，PFI が優れているとしばしば主張してきた．しかし，不完備契約の下で成立するプリンシパル・エージェント関係において，民が常に官が望むような行動をとるとは必ずしもいえず，「民が官よりも優れている」という主張は正しいとは限らない．特に，官民連携における PFI 事業では，逆選択やモラルハザードに陥るリスクがある．本章では，基本報酬と逆選択の関係にフォーカスを当てて，このような非効率性が起こるメカニズムを理論的に示すだけでなく，わが国のデータを用いて実証的な裏付けを示した．実証分析の結果，わが国の PFI 事業においても，基本報酬が必要以上に低く設定された場合（＝計画時 VFM が必要以上に高く設定された場合），逆選択による非効率は破綻した事業だけでなく，破綻していない事業でも生じていた可能性があったことが明らかとなった．

第 4 章　コンセッション方式の経済効果

4.1　はじめに

　第2章と第3章では，官民連携による PFI 事業を官と民のプリンシパル・エージェント関係として捉え，契約が不完備である場合，エージェンシーコストを発生させないような報酬体系が重要であることを明らかにした．しかし，官民連携が効率的に行われるためには，エージェンシーコストを減らすだけでなく，民が自由度をもって創意工夫を発揮して事業自体の生産性を高められるかという観点も重要である．そこで，以下の2つの章では，官（自治体）から委託された民間事業者（SPC）が，複数の事業を同時に行うことによって発生する「シナジー効果」が官民連携事業を「成功」に導くための要因であることを，理論と事例研究を通じて明らかにしていく．

　シナジー効果とは，2つの事業を独立に行った場合にそれぞれの事業では A と B の成果しか生まない場合でも，2つの事業を1つの主体が同時に行うことによって A + B を上回る成果を上げることができるという効果である．このような効果は，民間事業者がより幅広い分野で同時に事業を展開することができれば生まれる可能性が高い．公共施設の整備と管理・運営を，別々の事業者が行うよりも，1つの事業が同時に行うバンドリング型の方が，民のインセンティブを高めるという第2章の結果は，ある意味でシナジー効果の一種であると考えられる．しかし，管理・運営のみを行うアンバンドリング型の PPP/PFI

事業であっても，民間事業者が自由度をもって多様なビジネスを展開
できるコンセッション方式であるならば，シナジー効果が発生する余
地は飛躍的に高まる可能性がある．そこで本書の以下の章では，コン
セッション方式の PPP/PFI 事業にフォーカスを当てて，第 4 章で主に
供給サイドの費用削減・生産性の向上という観点から，また第 5 章で
主に需要サイドの相乗効果という観点から，それぞれシナジー効果が
いかに事業を「成功」に導くかの要因分析を行う．

　わが国では，官民連携事業の評価を公の財政支出がどれだけ削減さ
れるかという観点で行われることが多く，社会全体の便益への影響を
分析した研究は少なかった．特に，官が民と連携を行ったことがどれ
だけ追加的な社会的便益をもたらしたかを考察した事例研究や実証研
究がほとんどない．これは，各自治体が民との連携を模索した主たる
動機が財政支出の削減にあったことに加えて，官民連携によって行わ
れたインフラ・公共施設整備の経済効果を評価する際に，その効果が
インフラ・公共施設整備自体によるものなのか，それとも官民連携が
行われたことによるものなのかの判別が難しいことに起因する．

　しかし，2011 年の PFI 法改正で新たにコンセッション方式の PFI 事
業が導入されたことによって，委託された民間事業者は，既に稼働中
の公共施設に対して利用者ニーズを反映した多様なサービスを提供す
ることが可能となった．そこで本章では，コンセッション方式の事業
に焦点を当てることで，その導入がどのような追加的な経済効果を生
み出したのかを考察する．コンセッション方式は，利用料金の徴収を
行う公共施設について，施設の所有権を公共主体が有したまま，施設
の運営権を民間事業者に設定する「アンバンドリング型」の官民連携
で，対象となる事業は既に稼働中で利用料収入のあるものである．た
だし，狭義のアンバンドリング型の官民連携とは異なり，施設のリノ
ベーションなど施設自体の改良・改善を裁量的に行うことは幅広く認
められている．このため，コンセッション方式の導入前と導入後を比

較することで，インフラ・公共施設整備に固有の効果ではなく，コンセッション方式の導入によって運営主体が官から民に代わったことによる追加的な経済効果を把握することが可能となる．

　本章では，これまでわが国で行われたコンセッション方式の事例として，仙台空港の運営事業を取り上げ，コンセッション方式の官民連携がシナジー効果を通じて周辺地域にプラスの経済効果を与えたかどうかを，仙台周辺地域の地価の変化を使って差分の差分法 (Difference-in-Differences: DID) で検証する．近年，外生的なイベントが地価に与える影響を差分の差分法で検証する研究は数多く行われている（たとえば，Kiel and McClain (1995), Linden and Rockoff (2008)）．本章では，仙台周辺地域の多賀城市や塩釜市の地価や広島空港周辺地域の地価を対照群（コントロール・グループ）の地価として，処理群（トリートメント・グループ）とした仙台空港が位置する名取市の地価がコンセッション方式による仙台空港の運営事業によって上昇したかどうかを検証する．分析の結果，コンセッション方式による仙台空港の運営事業に関する議論が本格化して以降，名取市の「住宅地」の地価が対照群の「住宅地」の地価より大きく上昇したことが明らかにされる．この結果は，他の要因をコントロールした場合でも，コンセッション方式の官民連携が周辺地域にプラスの経済効果を与えたことを示しているといえる．

4.2　供給サイドのシナジー効果

　近年，わが国では，人口や高度人材が大都市に集中する一方で，地方圏では急速な人口減少が進んでいる．そうしたなか，地方の行政サービスの質を維持し続けるためには，民間のノウハウも活用しながら行政費用をできるだけ軽減することが公共政策の面から不可欠となって

いる．なかでも，新しい行政経営の手法であるコンセッション方式は，さまざまなルートを通じて既存の公共施設の運営の効率化が図ることで公共財の魅力を高め，その維持・管理コストを引き下げる役割が期待されている．また，それによって公共財の魅力が向上し，維持・管理コストが引き下げられれば，集積のメリットを享受することで一人当たりの行政費用を減少させる可能性がある．

わが国では，コンセッション方式が導入されたことによって，委託された民間事業者は，事業内容の自由度が高まり，利用者ニーズを反映した多様なサービスを提供することが可能となった．その結果，民間事業者は従来よりも広範囲な分野で自由度の高い事業を展開することで，コスト削減効果を発揮する余地が飛躍的に高まっている．そのような効果は，いくつかのルートを通じて発生すると考えられる．

たとえば，ある都市の住民は，2つのタイプの地方公共財 g_1 と g_2 の運営・管理に対する受益者負担として一人当たり $C(g_1, g_2, P)$ を費用として支払うものとする（ただし，P は都市の人口密度）．また，その費用関数は，

$$C(g1, g2, P) = c_0 + \frac{c_1}{2}g_1^2 + \frac{c_2}{2}g_2^2 + c_3 g_1 g_2 + c_4(P - P^*)^2 \qquad (4.1)$$

と 2 次関数で近似できるとする（ただし，c_0, c_1, c_2, c_3 および c_4 は正のパラメータ．また，P^* は一人当たり費用を最小化する人口密度）．このとき，官民連携事業は，c_0, c_1 および c_2 を引き下げることで費用 $C(g_1, g_2, P)$ が低下する可能性がある．これは，g_1 と g_2 を所与として，官より優れた民間のノウハウが固定費用（c_0）や限界費用（$c_1 g_1$ と $c_2 g_2$）を直接引き下げるという従来から指摘されてきた効果に対応するものである．しかし，コンセッション方式は，それ以外に大きく分けて 3 つのルートを通じ，費用を引き下げる可能性がある．

まず第 1 は，「範囲の経済性」を活かして c_3 を引き下げるルートである．一般に，複数の製品を複数の企業で生産するよりも，企業が事業

を多角化して複数の製品を一つの企業で生産した方が，一製品や一事業あたりのコストを削減できることが知られている．このため，官民連携においても，地方公共財 g_1 と g_2 を別々に運営・管理するのではなく，一括して運営・管理することができれば，シナジー効果を通じて費用の節約が期待できる．

　第 2 は，g_1 と g_2 をバランスよく供給することで $\frac{c_2}{2}g_1^2 + \frac{c_2}{2}g_2^2$ を引き下げるルートである．仮に $g_{1A} + g_{2A} = g_{1B} + g_{2B}$ であったとしても，ジェンセンの不等式から $g_{1A} > g_{1B} \geq \sqrt{\frac{c_2}{c_1}}g_{2B} > \sqrt{\frac{c_2}{c_1}}g_{2A}$ のとき $\frac{c_2}{2}g_{1A}^2 + \frac{c_2}{2}g_{2A}^2 > \frac{c_2}{2}g_{1B}^2 + \frac{c_2}{2}g_{2B}^2$ という関係が常に成立する．したがって，g_1 と g_2 の運営・管理を一括して行うコンセッション方式でこれまでより地方公共財をバランスよく供給できれば費用の削減につながると考えられる．

　第 3 は，人口密度 P の増加を通じたルートである．一般に，1 人当たりの行政費用は，混雑効果が大きくない水準までは人口密度が増加すると減少することが知られている（たとえば，林 (2002) や内閣府 (2012) 参照）．したがって，人口密度 P が P^* よりも少ない地方都市では，P の増加によって 1 人当たりの $c_4(P - P^*)^2$ を減少させることが可能となる．既に人口減少が始まっている地方圏の市町村で，その流れに歯止めをかけることは容易ではない．しかし，地方公共財に関しては，住民が受け取る便益（行政サービス）と支払う費用（地方税）を比較して，自らの判断でどこの住民になるかを決めることができる「足による投票」が存在する（Tiebout(1956)）．住民が自分にとって好ましい行政サービスを提供してくれる地域を選択することによって，地方自治体間の競争メカニズムが発生するのである．このため，いかに追加的な財政負担を伴うことなく，実質的に人口密度を引き上げることができるかは，各自治体がいかに魅力的な行政サービスを提供できるかにかかっているといえる．

公共施設等の一体化した管理・運営は，十分なノウハウのない自治体自身が行うことは難しく，これまで行われてこなかった．これに対して，民間の事業者が担う場合，そのノウハウを生かして魅力的な公共施設等の一体化した管理・運営を行うことが期待できる．また，それによって足による投票が起これば，$c_4(P - P^*)^2$ が低下し，そのメリットはより一層増幅する．コンセッション方式は，そのような民間事業者による公共施設等の一体化した管理・運営の有力な形態であるといえる．

補論で理論的に明らかにするように，コンセッション方式の経済効果は，都市の地価で測ることができると考えられる．これは，コンセッション方式の導入が，都市の魅力を高め，人口増加を通じて地代がこれから上昇することが期待されれば，その都市の地価も上昇することになるからである．そこで以下では，コンセッション方式の経済効果をみるために仙台空港の事例を取り上げ，それがその周辺地域の地価に有意な影響を与えたかどうかを検証することにする．

4.3　仙台空港の運営事業

前節で見てきたように，コンセッション方式の導入は，それによって維持・管理コストを引き下げて公共財の魅力向上を実現できれば，その直接効果だけでなく，それが足による投票を誘発することで，都市をより一層豊かにする側面がある．そこで以下の節では，コンセッション方式の経済効果をみるために仙台空港の事例を取り上げ，それがその地域の地価に有意な影響を与えたかどうかを実証的に検証することにする．

第1章5節でみたように，「空港」は，わが国でコンセッション方式が近年最も導入されている分野である．仙台空港の運営事業は，その

先駆け的な存在である．以下の分析においてイベント年とする 2015 年末時点でも，コンセッション方式の運営へと移行したプロジェクトは，仙台空港以外に，但馬空港と関空・伊丹があった．しかし，但馬空港については，民間事業者の公募を行わず，第三セクターである既存のターミナルビル会社に運営権を設定したもので，その対価もゼロ円だったため，同空港を 1 件とカウントすることには異論も多い．また，関空・伊丹は，大都市の空港であるため，周辺の地価の変化はさまざまな外的要因で変化する可能性が高い．このため，仙台空港におけるコンセッション方式の PFI 事業が周辺地域の地価に与えた影響をみる上でもっとも適した事例であると考えられる．

　表 4.1 は，仙台空港の運営に関して，コンセッション方式の PFI 事業が決定された経緯をまとめたものである．2011 年 12 月，宮城県は東日本大震災からの完全復旧と空港の収益向上への打開策として，仙台空港を経営委託（コンセッション）／民営化する方針を打ち出した．第三セクターが運営する空港ターミナルビル（仙台空港ビル）・貨物ターミナル（仙台エアカーゴターミナル）・空港連絡鉄道（仙台空港鉄道）の 3 事業と，国が管理する滑走路・駐機場等を一元化し，これらの管理・運営を民間企業に委託することで，仙台空港の活性化を狙った．2012 年 2 月 8 日，官民による民営化検討会が初開催され，同年 9 月 3 日の 3 回目の検討会において，日本初となる「民間運営による地方中核空港」を目指すことを表明し，「民営化 30 年後の利用者数を 600 万人/年，貨物取扱量を 5 万 t/年まで増加させる」とする数値目標を提示した．2014 年 4 月 25 日，国土交通省が仙台空港民営化の実施方針を公表し，今後のスケジュール予定が示された．また，事業委託期間は 30 年間とし，最長運営期間は延長を含めて 65 年間となった．加えて，委託事業者は空港ビル施設事業者（仙台空港ビル・仙台エアカーゴターミナルの 2 社）の株式を取得する義務があること，仙台空港鉄道の運営も可能であることも明記された．

表 4.1　仙台空港の運営事業の経緯

2011 年	3 月 11 日	東北地方太平洋沖地震（東日本大震災）発生.
（平成 23 年）	6 月 1 日	PFI 法改正法が公布. コンセッション方式が導入可能となる.
	9 月	宮城県, 仙台空港の民営化検討を開始.
	12 月 1 日	日本 PFI・PPP 協会,「仙台空港等と公共施設等運営権研究会」を立ち上げる.
	12 月 10 日	村井嘉浩宮城県知事, 仙台空港の民営化方針を打ち出す.
2012 年	1 月	国土交通省, 27 の国管理空港の運営権を民間企業に売却する方針を打ち出す.
（平成 24 年）	2 月 8 日	「第 1 回 仙台空港等活性化検討会・臨空地域等活性化検討会」開催.
	4 月 25 日	国土交通省, 仙台空港民営化の実施方針を公表.
	5 月 29 日	「第 2 回 仙台空港等活性化検討会・臨空地域等活性化検討会」開催.
	9 月 3 日	「第 3 回 仙台空港等活性化検討会・臨空地域等活性化検討会」開催.
2013 年	2 月 12 日	「第 4 回 仙台空港等活性化検討会・臨空地域等活性化検討会」開催.
（平成 25 年）	5 月 31 日	「仙台空港 600 万人・5 万トン実現サポーター会議」設置.
	6 月 19 日	民活空港運営法が成立（7 月 25 日施行）.
	11 月 13 日	国土交通省, 仙台空港民営化の基本スキーム案を公表.
2014 年	4 月 25 日	国土交通省, 仙台空港民営化の実施方針を公表.
（平成 26 年）	4 月 28 日	宮城県, 応募事業者の選定に係る参加資格確認要領案を公表.
	6 月 27 日	国土交通省, 仙台空港民営化の募集要項及び事業者選定基準を公表.
		宮城県, 応募事業者の選定に係る参加資格確認要領を公表.
		宮城県, 公募手続を開始.
	7 月 22 日	宮城県, 参加表明書の提出を締切.
	8 月 1 日	宮城県, 参加資格確認手続資料の提出を締切.
	8 月 11 日	宮城県, 参加資格確認結果を通知.
	12 月 5 日	国土交通省, 1 次審査の書類提出期限日.
		宮城県, 株式譲受確認手続資料の提出期限日.
	12 月 12 日	宮城県, 株式譲受確認結果を通知.
2015 年	1 月 26 日	国土交通省, 全 4 グループに 1 次審査通過を通知.
（平成 27 年）	2 月 9 日	国土交通省と 1 次審査を通過した 4 グループ, それぞれ 2 者間による競争的対話を開始.
	7 月 17 日	国土交通省, 民営化に向けたスケジュールの変更を発表.
	7 月 27 日	国土交通省, 2 次審査の書類提出期限日.
	9 月 11 日	国土交通省, 東急前田豊通グループを優先交渉権者に選定.
	9 月 18 日	PFI 法改正法が公布.
		滑走路の維持管理等, 専門的なノウハウを持つ公務員を派遣することが可能となる.
	9 月 30 日	国土交通省, 東急前田豊通グループと基本協定書を締結.
	10 月 21 日	国土交通省, 審査の評価結果等を公表.
	11 月 2 日	東急前田豊通グループは運営会社として「仙台国際空港株式会社」を設立.
	12 月 1 日	国土交通省, 仙台国際空港株式会社と実施契約を締結.
2016 年	2 月 1 日	仙台国際空港株式会社, 仙台空港ビル株式会社・仙台エアカーゴターミナル株式会社を完全子会社化.
（平成 28 年）		ターミナルビル・航空貨物取扱の事業運営を開始.
	4 月 1 日	仙台国際空港株式会社, 仙台空港ビル・仙台エアカーゴターミナル・仙台エアポートサービスの 3 社を吸収合併.
	7 月 1 日	仙台国際空港株式会社, 滑走路維持管理や着陸料収受等の事業運営を開始.
		日本の国管理空港として初めての民営化事例となる.

出所：自治体の報告書より筆者作成.

　2014 年 6 月 27 日，国土交通省が運営事業者に係る募集要項，及び事業者の選定基準を公表し，1 次審査の書類提出期限を同年 12 月 5 日，2 次審査の書類提出期限を 2015 年 5 月 19 日とすることも併せて示された．これを受けて，宮城県は応募事業者の選定に係る参加資格確認要領を公表し，公募手続を開始した．多くの企業が企業連合として応募し，三菱地所は大成建設・日本空港ビルデング・ANA ホールディングス・仙台放送と，三菱商事は楽天と，東急電鉄は東急不動産・前田建設・マッコーリー銀行・豊田通商と，イオンは熊谷組とそれぞれ手を組み，運営会社を設立する方針であることが報じられた．

　2014 年 12 月 5 日，国土交通省は応募を締め切った．前述の 4 グループが応募し，書類による審査の結果，そのすべてが 1 次審査を通過した．1 次審査では，9 つの項目を 50 点満点で採点し，それぞれの項目のうち「空港活性化」を 10 点満点，「収支計画」や「職員の人事・処遇制度」を 5 点満点で評価するなど，傾斜配点が取り入れられた．2015 年 7 月 27 日，国土交通省は 2 次審査の応募を締め切った．1 次審査を通過した 4 グループのうち，三菱商事・楽天で構成されるグループは応募を断念し，3 グループが応募したと報じられた．2 次審査では，8 つの項目を 200 点満点で評価し，「空港活性化」を最高の 44 点満点とするなど，1 次審査と同様に傾斜配点が取り入れられた．

　2 次審査の結果は，表 4.2 にまとめられている．これによって，2015 年 9 月 11 日，国土交通省は優先交渉権者を東急前田豊通グループとすることを発表した．東急グループとしての総合力が評価された他，LCC の拡大などの空港活性化・新規需要を重視した提案が支持を集めた．国や県が描いたグランドデザインと東急前田豊通グループの掲げたコンセプトが合致し，審査委員の大半が最高点を付けたとされる．9 月 30 日，国土交通省と東急前田豊通グループは，特定目的会社の設立の手続き等を定めた基本協定書を締結した．

　10 月 21 日に国土交通省が公表した東急前田豊通グループの提案内

表 4.2　仙台空港の運営事業の 2 次審査結果

参加企業	東急前田豊通グループ	MJTs	イオン・熊谷グループ
	東急電鉄 東急不動産 前田建設 豊田通商 東急エージェンシー 東急建設 東急コミュニティー （マッコーリー）	**三菱地所** 大成建設 日本空港ビル **ANAHD** 仙台放送	**イオンモール** イオンディライト 熊谷組
評価	161.5 点	152.7 点	113.3 点

出所：仙台空港優先交渉権者選定に係る審査委員会

容では，設備投資総額として 341 億円を想定し，旅客ターミナルの改修や，立体駐車場の整備，LCC 向けの搭乗施設（ピア棟）の新設とそれに伴う簡易搭乗ゲートの整備，エアライン事務所の新設等が示されていた．旅客減少時における料金負担の軽減・新規就航時の料金の割引といったエアライン料金体系の導入や，東北各地と仙台空港を結ぶシャトルバス運行の協議，鉄道アクセスの利便性向上，30 年後には LCC の旅客割合を 51％にまで引き上げる方針等を示し，海外とのグローバル・ゲートウェイを目指すことも明記された．

　2015 年 11 月 2 日，東急前田豊通グループは SPC（特定目的会社）である仙台国際空港株式会社を設立し，12 月 1 日，国土交通省と仙台国際空港株式会社との間で実施契約が締結された．運営権は 22 億円で譲渡された．2016 年 2 月 1 日，空港関連 2 企業を完全子会社化し，事業は開始された．4 月 1 日，仙台エアポートサービスを含めた空港関連 3 企業を吸収合併した．7 月 1 日，滑走路維持管理や着陸料収受等の国土交通省による事業を民間に委託し，これにより，国管理空港としては全国で初めてコンセッション方式で運営される空港となった．

　仙台空港では，かつては，国土交通省が滑走路・駐車場，宮城県が出資する第 3 セクターが貨物ビル・旅客ビル，そして宮城県が航空会社

誘致や空港利用促進をそれぞれ担ってきた．また，仙台空港アクセス鉄道は，宮城県，仙台市，名取市など地元自治体が主たる出資者となって 2007 年 3 月 18 日に開業した一方，沿線の杜せきのした駅と美田園駅の周辺は名取市によって「杜せきのした団地」が開発され，2007 年 9 月に分譲が開始された．しかし，これら複数の官が独立して主導する事業展開のなかでは，沿線の人口は伸び悩み，沿線の地価は大きな下落を続けた．2011 年 3 月の東日本大震災は，この状況をさらに悪化させた．

　そうしたなかで，仙台空港の運営にコンセッション方式が導入され，それに伴って空港関連事業が仙台空港アクセス鉄道などと共に民間企業と連携して一体化して管理・運営されることが決定した．2015 年 9 月に選定された東急を中心としたグループは，鉄道事業に加えて，不動産事業を主たる事業とする企業グループであり，そのノウハウが空港関連事業の一元化された管理・運営によって地方公共財の魅力を，前節で指摘した供給サイドのシナジー効果を通じて高めた可能性がある[1]．その結果，足による投票を通じた人口増加による集積のメリットも高まり，沿線の不動産の活性化につながった可能性があるといえる．

4.4　実証分析

4.4.1　手法

　以下の節では，コンセッション方式の経済効果を検証するため，仙台空港の運営事業を取り上げ，その地域への影響を地価の変化をみることによって考察する．官民連携によって行われたインフラ・公共施設

---

[1] たとえば，2016 年 8 月 4 日付『河北新報』のインタビュー記事で仙台空港鉄道の渋谷浩社長は，「空港民営化を踏まえて利用者の利便性を高め，格安航空会社の誘致を支援し，乗客数の増加につなげ，開業 10 年目を迎えた鉄道経営の安定化も図る」と述べている．

整備の経済効果を評価する際に大きな問題となるのは，その効果がインフラ・公共施設整備自体によるものなのか，それとも官民連携が行われたことによるものなのかの判別が難しいことである．これは，PFI事業による空港等の整備でその周辺の地価が大きく上昇したとしても，それだけから官民連携が成果を上げたと判断できないからである．空港等の整備は，仮に官民連携の効果がなかったとしても，周辺地域の利便性が向上すると期待される限り，地価を上昇させる．

これに対して，コンセッション方式では，従来の PPP/PFI 事業とは異なり，対象となる事業が既に稼働中で利用料収入のあるものでなければならない．このため，その導入前と導入後を比較することで，事業そのものの効果ではなく，コンセッション方式の導入による追加的な経済効果を把握することが可能となる．そこで以下では，仙台空港の運営事業を取り上げ，コンセッション方式導入の決定が周辺地域の地価にプラスの経済効果を与えたかどうかを，差分の差分法 (Difference-in-Differences: DID) を使って検証する．差分の差分法は，処理群（トリートメント・グループ）と対照群（コントロール・グループ）それぞれのイベントの前と後の値を使うことで，イベントが処理群の値に与えた純粋な効果を判別するものである．

以下では，$\Delta Y_{j,t}$ を時点 t における地点 j の地価の上昇率（対数階差），$Treat_j$ を地点 j が処理群に含まれるとき 1，含まれないとき 0 の値をとるダミー変数，PFI_t をコンセッション方式導入以前に 0，以後に 1 の値をとるダミー変数とする．その上で，次の式を推計した．

$$\Delta Y_{j,t} = \alpha + \beta Treat_j + \gamma PFI_t + \delta Treat_j * PFI_t + \epsilon X_{j,t} \qquad (4.2)$$

ただし，$X_{j,t}$ は地価の上昇に影響を与える時点 t における地点 j のその他の変数である．

ここで注意すべき点は，処理群の地価がコンセッション方式の導入というイベント後に上昇したとしても，それだけでイベントが処理群

の地価を上昇させたとは言えないことである．これは，地価はイベントがなくても時間を通して変化する可能性があるからである．このため，イベントが処理群の地価に与えた効果を判別するには，処理群のイベント後の地価の変化から対照群のイベント後の地価の変化を取り除くことが必要になる．(4.2) 式では，そのようにして判別された効果は，$Treat_j$ と PFI_t との交差項の係数 δ によって求められる．すなわち，係数 δ の推計値が有意に正の場合に，コンセッション方式導入が地価にプラスの効果を与えたと結論付けることが可能となる．

以下の分析において，処理群は，2007 年に営業開始の仙台アクセス線の沿線に位置し，仙台空港運営事業の恩恵を受けたと考えられる名取市内の各地点である．一方，対照群は，基本推計では，仙台周辺地域のうち，多賀城市や塩釜市の各地点とする（したがって，$Treat_j$ は地点 j が名取市内にあるとき 1，多賀城市や塩釜市にあるとき 0 の値をとるダミー変数となる）．多賀城市や塩釜市を対照群として用いたのは，多賀城市や塩釜市は，名取市と同様に仙台近郊の比較的似通った都市である一方で，名取市とは異なり，仙台空港運営事業による直接の恩恵はほとんどないと考えられるからである．

仙台空港が位置する名取市は，仙台市の南東に位置し，面積が 98.17km^2，2017 年 1 月 1 日時点での人口は約 7 万 8000 人である．一方，多賀城市と塩釜市は，いずれも仙台市の北東に位置し，面積がそれぞれ 19.65 km^2 と 17.86 km^2，2017 年 1 月 1 日時点での人口はそれぞれ約 6 万 2000 人，約 5 万 4000 人である．人口という観点から 3 市を比較した場合，総人口は名取市が他の 2 市を 1 万人以上上回るものの，面積の差を考慮すれば，3 市はいずれも仙台市近郊の小規模都市という位置づけが可能である．

また，車での利便性では，仙台駅から名取駅には「県道 258 号線」経由（約 11.3 km）で約 30 分である．一方，仙台駅から多賀城駅には車で「仙台東部道路」経由（約 15.1 km）で約 30 分，仙台駅から塩釜駅

には車では「仙台東部道路」経由（約 18.6 km）で約 32 分である．仙台駅への距離は名取駅が他の 2 駅よりもやや近いものの，いずれも車での仙台市へのアクセス面では大差がない．ただし，鉄道の利便性は名取市が最も高く，仙台駅から名取駅には仙台空港アクセス線を利用すると快速で約 10 分，各駅停車でも 15 分という好立地である．一方，仙台駅から多賀城駅には仙石線の利用で 22 分，仙台駅から塩釜駅には東北本線で快速 19 分，各駅停車で 20 分である．仙台空港アクセス線の存在は，名取駅の利便性を大きく高めている．

4.4.2　分析結果

　以下の分析では，2010 年から 2018 年までの名取市，多賀城市，および塩釜市の「住宅地」および「商業地」それぞれの公示地価（1 月 1 日時点）と基準地価（7 月 1 日時点）からなるパネルデータを用いる．データはすべて，国土交通省による「土地総合情報ライブラリー」から入手した．ただし，いくつかの地点では調査が行われない年もあったため，データはアンバランスなパネルとなっている．また，公示地価と基準地価の両方で調査が行われていた地点は，重複を避けるため，公示地価のみを用いた．

　(4.2) 式を推計するに際して，コンセッション方式導入のイベントに関するダミー変数 PFI_t は，2014 年まで 0，2015 年以後に 1 の値をとるものとした．コンセッション方式の仙台空港の運営事業において，運営を行う企業グループが最終的に決定されたのは 2015 年 9 月であった．しかし，2014 年 6 月の段階で既に運営事業者に関わる募集要項や選定基準が公表され，その後，主要な企業グループの応募が報じられている．地価は，イベントが，今後，都市の人口を増加させ，地代を上昇させることを期待させるものであれば，上昇する性質がある．このため，仙台空港の運営事業に関するコンセッション方式導入のイベントは 2014 年後半に事実上発生していたものと考え，ダミー変数 PFI_t を

表 4.3　(4.2) 式の推計結果：多賀城市と塩釜市を対照群としたケース

	住宅地			商業地		
定数項	−0.016 (−0.079)	0.028 (0.141)	0.147 (0.716)	−2.652 (−6.936)***	−2.738 (−7.038)***	−2.721 (−5.994)***
Treatment	0.325 (0.970)	0.112 (0.340)	−0.544 (−1.436)	1.471 (1.970)**	1.630 (2.150)**	1.300 (1.373)
PFI	0.620 (2.214)**	0.583 (2.127)**	0.005 (0.001)	2.913 (5.444)***	2.954 (5.515)***	2.748 (3.112)***
Treatment*PFI	2.265 (5.028)***	2.471 (5.564)***	2.733 (4.470)***	0.951 (0.985)	0.975 (1.012)	0.869 (0.588)
地区の人口増加率		0.077 (4.077)***	0.079 (3.911)***		−0.060 (−1.157)	−0.070 (−1.083)
市内総生産の変化率(−1)			0.098 (3.742)***			0.057 −0.967
Adjusted R−squared	0.250	0.280	0.218	0.362	0.364	0.251
Total observations	369	369	266	136	136	99

注）括弧内は t 値．*** が 1% 有意，** が 5% 有意，* が 10% 有意．

設定した．

　一方，時点 t における地点 j の地価の上昇に影響を与えるその他の変数 $X_{j,t}$ としては，地点 j が含まれる地区の人口増加率（対数階差）および時点 $t-1$ における各都市の市内総生産の変化率（対数階差）を用いた．市内総生産の変化率を加えたのは，人口や市内総生産が増加する地区ほど地価が上昇すると考えられるからである．また，人口増加率を加えたのは，人口の増加が地代を上昇させると考えられるからである．各地区の人口データは，前年 12 月末時点のものを，各市の統計書から入手した．また，市内総生産は，『宮城県市町村民経済計算』の長期時系列データを用いた．

　表 4.3 は，「住宅地」と「商業地」それぞれに関して，その他の変数 $X_{j,t}$ のいくつかを説明変数に加えない場合と加えた場合の (4.2) 式の推計結果をまとめたものである．結果の解釈をしやすくするため，対数階差をとった説明変数以外の係数値は，すべて 100 倍して示してある．このため，これらの推計値は，説明変数が 1 単位変化したときに，地価が何％ポイント上昇するかを示している．

　「住宅地」を使った推計では，その他の変数 $X_{j,t}$ は，いずれもプラ

スの符号をとり，その大半は統計的に有意であった．「住宅地」の地価は，各地区の人口動態や市の経済状況に応じて変化していたといえる．その一方，その他の変数 $X_{j,t}$ を加えるかどうかによって，$Treat_j$ と PFI_t の係数は符号が変化することもあった．しかし，それらの交差項 $Treat_j*PFI_t$ の係数は，$X_{j,t}$ の有無にかかわらず，常に統計的に有意なプラスをとった．このことは，イベントが処理群の「住宅地」の地価に有意なプラスの影響を与えたことを示している．

　「住宅地」を使った推計では，交差項 $Treat_j*PFI_t$ の推計値は，2.27 から 2.73 の値をとった．この結果は，仙台空港の運営事業にコンセッション方式の PFI 事業が導入されたことによって，名取市の住宅地の地価が約 2.27％ポイントから 2.73％ポイント上昇したことを示している．2015 年以降の 3 年間，名取市の住宅地の地価は，年平均で約 2.8％の上昇であった．表の推計結果は，その多くがコンセッション方式の PFI 導入によってもたらされたと考えられる．

　これに対して，「商業地」を使った推計では，その他の変数 $X_{j,t}$ は大半で統計的に有意ではなかった．「商業地」の地価は，各地区の人口動態や市の経済状況と必ずしも連動していなかったといえる．一方，$Treat_j$ と PFI_t の係数は，$X_{j,t}$ を加えるかどうかによって，統計的に有意性は変わったが，符号は常にプラスであった．より興味深い点は，それらの交差項 $Treat_j*PFI_t$ の係数は，プラスの符号をとったものの，統計的に有意ではなく，推計値は 0.87 から 0.98 の値にとどまったことである．このことは，「住宅地」の地価とは異なり，コンセッション方式導入が「商業地」の地価に有意なプラスの影響を与えなかったことを示している．仙台空港の運営に関するコンセッション方式は，民間のノウハウを使った一体化した管理・運営が地方公共財の魅力を高めたことで，周辺地域の住宅地の活性化につながった．ただ，その効果は，従来から存在していた地元の商業地には十分には波及しなかった可能性がある．

4.5　広島空港を対照群としたケース

　前節では，コンセッション方式による仙台空港の運営によってその
周辺地域の地価が有意に上昇したかどうかを，名取市内の各地点を処
理群，多賀城市と塩釜市の各地点を対照群として差分の差分法による
分析を行った．多賀城市や塩釜市を対照群として用いたのは，これら
が名取市と同様に仙台近郊に位置する比較的似通った都市である一方
で，名取市とは異なり，仙台空港運営事業による直接の恩恵はほとん
ど受けないと考えられるからである．分析対象の期間，仙台市は東北
の中核都市として発展し，その波及効果は周辺の都市に及んだと考え
られる．これまでの分析は，その効果を多賀城市と塩釜市の各地点を
対照群とすることで取り除き，それによってコンセッション方式によ
る仙台空港の運営がその周辺地域の地価に与えた効果を検出しようと
したものであった．

　もっとも，分析対象とした期間は，インバウンド（訪日外国人観光
客）が増加し，その影響で全国的に空港の利用客も増加した時期とも
一致する．したがって，仮に全国的に空港の利用客が増加したことが
仙台空港周辺地域の地価を引き上げたとすると，多賀城市と塩釜市の
各地点を対照群とした分析は適切なものではなくなる．なぜなら，空
港利用客の増加が与えるプラスの影響は，空港周辺地域の方がそうで
ない地域より大きいからである．そこで，本節では，これまでと同様
に名取市内の各地点を処理群とする一方，対照群には同じようにイン
バウンドの増加の影響を受けたと考えられる他の空港周辺の都市の各
地点を用いて差分の差分法による検証を行うことにする．

　具体的には，広島空港（住所：広島県三原市本郷町善入寺）の周辺都
市である広島県の三原市，竹原市，および東広島市の各地点を対照群

として，前節と同様の差分の差分法による検証を行った[2]．広島空港周辺を対照群とした理由は，中核都市である仙台市と広島市が都市の規模としてほぼ同じだからである．全国の政令指定都市を 2014 年 10 月時点で比較した場合，人口では仙台市（約 107 万人）が 11 位で広島市（約 109 万人）が 10 位，人口密度では仙台市（約 1400 人）が 15 位で広島市（約 1300 人）が 16 位であった．これらのランキングは，2018 年 10 月時点で比較した場合でも全く同じである．

　一方，2 つの空港を国土交通省『暦年・年度別空港管理状況調書』を使って比較すると，乗降客数では仙台空港が 2014 年約 321 万人・2017 年約 337 万人と，広島空港の 2014 年約 268 万人・2017 年約 298 万人をわずかに上回る．また，着陸回数では仙台空港が 2014 年約 2.8 万回・2017 年約 2.6 万回と，広島空港の 2014 年約 1.1 万回・2017 年約 1.2 万回を大きく上回る．しかし，2014 年から 2017 年の増加率では，仙台空港は乗降客数が約 4.9％増で着陸回数が約 8.4％減なのに対して，広島空港は乗降客数が約 11.1％増で着陸回数が約 4.7％増といずれも広島空港の順位が上回る．全国的に空港利用客が大きく増加した時期の乗降客数や着陸回数の増加は，仙台空港よりも広島空港の方が逆により大きかったといえる．

　もっとも，中核都市へのアクセスという観点から仙台空港と広島空港を比較した場合，仙台空港が仙台アクセス線による仙台市への交通アクセスの利便性が高いのに対して，広島空港から広島市への交通アクセスはバスまたはバスと JR の乗り継ぎの利用が必要で利便性が高いとは言えない．実際，バスを利用した場合の広島空港から周辺都市への所要時間は，三原駅が 38 分，竹原駅が 30 分，西条駅（東広島市の中心）が 25 分となっている．したがって，コンセッション方式による

---

[2] 広島空港も，2021 年 4 月頃のコンセッション方式の事業開始に向け，2019 年 6 月に募集要項を公表している．しかし，本節の分析のサンプル期間（2010 年から 2018 年）ではその影響はないと考えられる．

仙台空港の運営が仙台アクセス線の利便性を高め，その沿線地域に空港運営事業の恩恵を与えたとすると，名取市内の各地点と広島空港周辺都市の各地点では地価上昇率に大きな違いがあった可能性がある．

　以下で推計する式は，対照群を広島空港周辺都市の各地点とした点でこれまでの節の分析と異なる（したがって，$Treat_j$ は地点 j が名取市内にあるとき 1，広島空港周辺都市にあるとき 0 の値をとるダミー変数となる）．また，2 つの空港の利用度の差異を考慮するため，説明変数に各空港の着陸回数の変化率（対数階差）を新たに加えた．しかし，それ以外はこれまでの節で推計した式と全く同じである．サンプル期間も 2010 年から 2018 年で，コンセッション方式導入のイベント・ダミー PFI_t は，2014 年まで 0，2015 年以後に 1 の値をとる．$Treat_j$ と PFI_t との交差項の係数が有意に正の場合に，コンセッション方式導入が地価にプラスの効果を与えたと結論付けることが可能となる．分析に用いた地価は，「住宅地」の「公示地価」および「基準地価」である．各地区の人口（前年 12 月末）および市内総生産のデータは，いずれも各市の統計書から入手した．また，各空港の着陸回数は，国土交通省「暦年・年度別空港管理状況調書」にもとづく．

　表 4.4 は，三原市と竹原市の各地点を対照群とした場合，および東広島市の各地点を対象群とした場合それぞれに関して，その他の変数 $X_{j,t}$ を説明変数に加えない場合と加えた場合について推計結果をまとめたものである．結果の解釈をしやすくするため，対数階差をとった説明変数以外の係数値は，すべて 100 倍して示してある．

　推計結果では，PFI_t，$Treat_j$，およびその他の変数 $X_{j,t}$ は，いずれもほとんどのケースでプラスの符号をとり，その大半は統計的に有意であった．PFI_t がプラスであることは，空港利用客の増加がいずれの空港周辺地域の地価にもプラスの影響を与えたことを示唆している．また，$Treat_j$ がプラスであることは，仙台空港周辺の名取市の各地点の地価が広島空港周辺都市の各地点の地価よりもコンセッション方式の

表 4.4　(4.2) 式の推計結果：広島空港を対照群としたケース

	三原市と竹原市			東広島市		
定数項	−4.531 (−21.820)***	−4.528 (−21.643)***	−4.428 (−21.169)***	−3.147 (−14.586)***	−3.243 (−15.854)***	−3.075 (−15.674)***
Treatment	4.672 (14.360)***	4.637 (14.114)***	4.300 (12.007)***	3.296 (8.252)***	3.042 (8.019)***	2.429 (6.124)***
PFI	1.574 (5.595)***	1.587 (5.610)***	0.833 (2.370)	2.328 (8.053)***	2.364 (8.640)***	0.385 (0.805)
Treatment*PFI	1.530 (3.502)***	1.547 (3.530)***	1.878 (3.444)***	0.765 (1.433)	1.070 (2.113)**	2.661 (3.671)***
着陸回数の変化率(−1)	3.632 (4.906)***	0.036 (4.771)***	0.033 (4.555)***	0.035 (3.515)***	0.027 (2.859)***	0.028 (3.174)***
地区の人口増加率		0.016 (0.978)	0.021 (1.260)		0.176 (7.534)***	0.145 (6.217)***
市内総生産の変化率(−1)			0.044 (2.019)**			0.093 (3.761)***
Adjusted R-squared	0.7	0.699	0.68	0.4	0.463	0.458
Total observations	341	340	244	481	481	347

注) 括弧内は t 値．$***$ が 1% 有意，$**$ が 5% 有意，$*$ が 10% 有意．

導入前から上昇率が高かったことを示している．後者の結果は，仙台アクセス線（2007 年開業）による空港への交通アクセスの利便性が，コンセッション方式の導入前から仙台空港周辺地域と広島空港周辺地域の間で地価の上昇率に違いをもたらしていたと解釈することも可能である．

　表 4.4 の結果においてもっとも注目すべきものは，交差項 $Treat_j*PFI_t$ の係数が，$X_{j,t}$ の有無にかかわらず，常にプラスをとったことである．このことは，広島空港の周辺都市を対照群としてインバウンドの増加など空港固有の要因が地価の上昇率にもたらす影響をコントロールした後も，コンセッション方式の導入というイベントが処理群である名取市内の「住宅地」の地価に有意なプラスの影響を与えたことを示している．

　三原市（人口約 9.6 万人）と竹原市（人口約 2.6 万人）を対照群として使った推計では，交差項 $Treat_j*PFI_t$ の推計値は常に統計的に有意で，1.53 から 1.88 の値をとった．これらの値は多賀城市や塩釜市を対象群とした場合の推計値よりもやや小さいものの，仙台空港の運営事業

にコンセッション方式が導入されたことによって，名取市の住宅地の地価が約 1.53％ポイントから 1.88％ポイント上昇したことを示している．

　一方，東広島市を対照群として使った推計では，交差項 $Treat_j * PFI_t$ の係数は人口増加率や市町内総生産の増加率を加えない場合，統計的に有意ではなく，推計値もプラスではあるが 0.77 にとどまった．しかし，交差項 $Treat_j * PFI_t$ の推計値は，人口増加率を加えた場合に 1.07 に，また人口増加率と市町内総生産の増加率の両方を加えた場合に 2.66 に上昇し，いずれも統計的に有意であった．推計値にばらつきが出た理由には，東広島市が人口 19 万人超と，人口が 8 万人に満たない名取市よりもはるかに大きな都市で，その結果，地価もさまざまな要因の影響を受けた可能性が高いことが考えられる．このため，推計値の解釈には留意が必要だが，東広島市を対照群とした場合でも，仙台空港の運営事業にコンセッション方式が導入されたことによって名取市の住宅地の地価が上昇したことはおおむね支持されたといえる．

4.6　まとめ

　本章では，仙台空港の運営事業の事例を取り上げ，コンセッション方式の決定が周辺地域にプラスの経済効果を与えたかどうかを地価の変化をみることで検証した．分析の結果，仙台空港の運営事業に関する議論が本格化して以降，空港周辺の名取市の「住宅地」の地価が他地域に比べて大きく上昇したことが明らかになった．この結果は，コンセッション方式の導入が周辺地域にプラスの経済効果を与えたことを示している．

　空港事業は，滑走路やエプロンなど空港の基本施設を管理・運営する「航空系事業」と，空港ターミナルビルや駐車場などを管理・運営する「非航空系事業」の大きく 2 つに分けることができる．従来，日

本の多くの空港では，この2つの事業主体が別組織になっていた．このため，「非航空系事業」で収益を上げ，これを原資に着陸料や施設利用料などの低価格化を図り，LCC（格安航空会社）などの就航便をより多く獲得し，空港利用者を増やすことで，再び「非航空系事業」の収益を向上させるという海外の空港運営では極めて一般的なビジネスモデルが確立できないでいた．そこで求められたのが，「航空系事業」と「非航空系事業」の一体化，すなわち「空港経営の一体化」で，仙台空港の運営事業ではそれを目指したものであった．

　また，従来の日本の空港運営では，ガバナンスのあり方にも大きな課題があった．「非航空系事業」を運営する第三セクターは，地元の名士などが経営に携わっていることが多く，ガバナンスは不十分になりがちで，それが経営効率にも影響を与えたと考えられている．こうした問題を改善するための施策が，「民間への経営委託（コンセッション）／民営化」である．民間の資金やノウハウを活用するとともに，一体化した管理・運営の自由度や透明性を高めていくことで，より効率的な空港運営事業を実現していこうというものであった．今後もコンセッション方式の管理・運営が広がれば，空港利用者が増加するだけでなく，地方経済の活性化にも寄与する可能性がある．

　もちろん，コンセッション方式で，常に空港周辺の地価が上昇するとは限らないことには注意が必要である．本稿で取り扱った仙台空港関連事業では，仙台空港アクセス鉄道との一体化した管理・運営が周辺地域に大きなプラスの外部効果をもたらしたと考えられる．しかし，全国でこのような空港直結の鉄道が存在するところはむしろ稀で，それゆえコンセッション方式を導入しても同様の外部効果が必ずしも期待できるわけではない．今後もコンセッション方式の空港運営事業は全国的に拡大されていくことが見込まれるが，空港ごとの特性を活かして課題を一つ一つ解決し，どのような効率化ができるかに関して実績と経験を積み重ねていくことが，その成功に向けては重要になる．

補論

　本章の実証分析では，コンセッション方式がもたらす経済効果を，地価が上昇したかどうかをみることで検証した．この補論では，経済効果を地価で評価するこのような分析が妥当なものであることを，Epple, Filimon, and Romer (1984) や金本（1997）らによる空間経済学のモデルを応用して理論的に明らかにする[3]．

モデルの設定

　以下では，純粋公共財 G と地方公共財 g を持つ地方都市を考える．この都市には，全部で n の地区が存在し，各地区 k（$=1, 2, \ldots, n$）の人口は P_k で表される．地区ごとに人口や中心部へのアクセス・コストが異なることを除けば，この都市に住む消費者（＝住民）は，すべて同質で，所得 y の下で同一の効用関数を最大化するものとする．

　各地区の住民の効用は，住宅の敷地面積 h，（その他すべての消費財を表す）合成消費財 z，および都市の公共財（G と g）に依存する．分析では，簡単化のため，効用関数は，次のような疑似線形型をしているものとする．

$$U\,(z, h) = u(h) + z + v(G, g) \tag{4.3}$$

ただし，$u'(h) > 0$ および $u''(h) < 0$．このような疑似線形の効用関数の下では，所得効果が存在しないので，所得の変化による一般均衡的な波及効果を無視することができ，分析が非常に簡単になるというメリットがある．

　地区 k の住民は，合成消費財や地代に加えて，地区ごとに異なる中

---

[3] 空間経済学のより包括的な説明は，佐藤・田渕・山本（2011）や Fujita and Thisse (2013) を参照．小藤 (2012) は，空間経済学を応用して公共財と立地選択の問題を議論している．

心部へのアクセス・コスト A_k を私的に支払う必要がある. また, 純粋公共財 G を賄うために政府に一括固定額税 T を支払うと同時に, 地方公共財 g を運営・管理するコストに対する受益者負担として一人当たり $C(g, P)$ を支払うものとする (ただし, P は $P \equiv \sum_{i=1}^{n} \frac{P_i}{n}$ として定義される都市の人口密度である. また, $C(g, P)$ は g の増加関数で, $\frac{\partial C(g,P)}{\partial g} > 0$ である). 一方, 各消費者の所得に関しては, 不在地主を仮定し, その値はこの都市の各地区の人口には依存しない一定の値 y をとるものとする[4]. このとき, 合成消費財の価格を 1 とし, 地区 k の地代を R_k で表すと, 住民は,

$$z + R_k h + A_k + T + C(g, P) = y \tag{4.4}$$

という予算制約式の下で, 効用関数 (4.3) を最大化することになる.

　この効用最大化の一階の条件から, 住民が選択する住宅の敷地面積に対する需要 h と地代 R_k の間には, $R_k = u'(h)$ という関係が成立する. 議論を簡単にするため各地区の住宅地の供給量は同一で一定の値 H と固定されているとすると, 地区 k の住民一人当たりの敷地面積はこれを住民数 P_k で割った $\frac{H}{P_k}$ となる. このため, この都市の住宅市場の均衡では,

$$R_K = u'\left(\frac{H}{P_k}\right) \tag{4.5}$$

という関係が成立する. ここで, $u''(h) < 0$ であることから, この都市の地代 R_k は, $\frac{H}{P_k}$ の減少関数, すなわち人口 P_k の増加関数となることを確認することができる.

　以下では, 純粋公共財 G と地方公共財 g の供給量は一定であるとする. しかし, 住民による都市内外の移動は自由で, 住民は何ら移動コ

---

[4] 不在地主の仮定は非現実的な仮定であるが, 空間経済学では議論を不必要に複雑化させないために一般的に仮定されることが多い.

ストを払うことなく，他の都市からこの都市の各地区に移り住むこと
ができるだけでなく，各地区から別の地区あるいは別の都市にも住む
ことが可能であるとする．このため，住民は，自らが公共財から受け
取る便益と支払う費用（税金）を比較して，自らの判断でどこの住民
になるかを決める「足による投票」を行うことができる．

　簡単化のため，住民が他の都市に住んだ時にはこの都市の各地区の
人口 P_k ($k = 1, 2, \ldots, n$) には無関係の一定の効用 U_0 を得るものとする
（このことは，この都市の規模が他の都市の規模に比べて十分に小さい
ことを意味する）．一方，住民がこの都市に住んだ場合の効用 $U(z, h)$
は，(4.4) 式，(4.5) 式，および $h = \frac{H}{P_k}$ を使うと，$y - A_k - T - C(g, P) -$
$u'(\frac{H}{P_k})\frac{H}{P_k} + u(\frac{H}{P_k}) + v(G, g)$ と書き表すことができる．

　したがって，都市内外の移動は自由であることから，内点解を仮定
すると，人口移動の均衡条件 ($U(z, h) = U_0$) は，

$$\phi(P_k) - A_k + v(G, g) = C(g, P) + U_0 \tag{4.6}$$

となる．ただし，$\phi(P_k) \equiv y - T - u'(\frac{H}{P_k})\frac{H}{P_k} + u(\frac{H}{P_k})$．この式が，この都
市の地区 k の人口 P_k を決定する式である．

均衡

　$u'(h) > 0$ および $u''(h) < 0$ であることから，$\phi(P_k)$ が P_k の減少関数
（すなわち，$\phi'(P_k) < 0$）であることは容易に確認できる．これに対し
て，都市の人口密度 P は n を所与として P_k が増えると増加するので，
$C(g, P)$ が P_k の増加関数か減少関数かは，$C(g, P)$ が P の増加関数か
減少関数かに依存する．$C(g, P)$ と P の関係については，地方公共財
の利用に関して混雑効果が存在する場合には $C(g, P)$ は P の増加関数
（すなわち，$\frac{\partial C(g,P)}{\partial P} > 0$）となると考えられるのに対して，都市の人口
規模が最小効率規模を下回る場合には $C(g, P)$ は P の減少関数（すな
わち，$\frac{\partial C(g,P)}{\partial P} < 0$）となると考えられる．ただ，わが国におけるほと

図4.1　安定な内点解のみが存在するケース

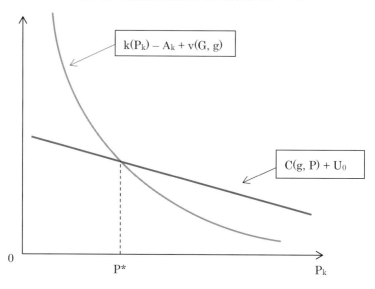

んどの地方都市は，人口規模が最小効率規模を下回っていると考えられるので，以下では，$\frac{\partial C(g,P)}{\partial P} < 0$ が成立すると仮定する．また，均衡の近傍では，$\phi'(P_k) < \frac{\partial C(g,P)}{\partial P}$ であると仮定する．

　後者を仮定しない場合 $\frac{\partial C(g,P)}{\partial P} < 0$ のとき，必ずしも (4.6) 式を満たす安定的な内点解が唯一存在するとは限らない[5]．しかし，均衡の近傍で $\phi'(P_k) < \frac{\partial C(g,P)}{\partial P}$ であるとき，(4.6) 式を満たす安定的な内点解が唯一存在する．図4.1は，このようなケースを図解したものである．このケースでは，2つの曲線 $\phi(P_k) - A_k + v(G,g)$ と $C(g,P) + U_0$ が $P_k = P^*$ で交わるだけでなく，$P_k < P^*$ のとき $U(z,h) > U_0$，また $P_k > P^*$ のとき $U(z,h) < U_0$ となる．このため，P_k が P^* から乖離しても $P_k = P^*$ となるまで P_k が調整されるという意味で，P^* は安定な均衡である．このよう

---

[5] 一般には，(4.6) 式を満たす内点解は，存在しないか，存在する場合でも不安定な均衡となるケースも排除できない．わが国のいくつかの市町村で大幅な人口減少が続き，「限界集落」となりつつある状況は，これら不安定な均衡によるものかもしれない．

な安定的な均衡は，$P_k \to 0$ のとき $\phi(P_k) - A_k + v(G, g) > C(g, P) + U_0$，また $P_k \to +\infty$ のとき $\phi(P_k) - A_k + v(G, g) < C(g, P) + U_0$ であれば常に存在する．たとえば，$u(h) = log(h)$ であるとき，$\phi(P_k) = B - \log(P_k)$（ただし，$B \equiv y - T - 1 + \log(H)$）であることから，$\lim_{P_k \to 0} \phi(P_k) = +\infty$ および $\lim_{P_k \to +\infty} \phi(P_k) = -\infty$ となる．したがって，$C(g, P)$ は常に正であることから，$\lim_{P_k \to 0} C(g, P) < +\infty$ である限り，安定的な均衡が存在する条件は常に満たされることになる[6]．

コンセッション方式の役割

これまでの節では，都市の純粋公共財 G，地方公共財 g，および総人口 P を所与とした場合，公共財から住民が享受する効用 $v(G, g)$ や地方公共財 g の運営・管理に対する一人当たり負担 $C(g, P)$ は一定であると考えてきた．しかし，新しい行政経営の手法であるコンセッション方式は，民間のノウハウを活用することで，既存の公共施設の維持・管理コストを引き下げると同時に，その魅力を高めることが期待されている．このことは，都市でコンセッション方式が導入されれば，G，g，および P は一定でも，$C(g, P)$ が減少し，$v(G, g)$ が増加する可能性がある．

そこで以下では，コンセッション方式の導入によって，$C(g, P)$ が減少したり，$v(G, g)$ が増加したりした時に，都市の各地区の人口がどのように変化し，それがその地区の地代にいかなる影響を与えるかを，安定な内点解 P^* のみが存在するケースを仮定して分析する．

まず $C(g, P)$ が減少したことの影響を考察する．$C(g, P)$ が減少した場合，曲線 $\phi(P_k) - A_k + v(G, g)$ は変化しない一方，曲線 $C(g, P) + U_0$ は下方にシフトする．その結果，図4.2 で示されているように，2つの曲線の交点で決まる P_k は P_1^* から P_1^{**} へと増加する．その結果，人口 P_k の増加関数である地代 R_k も増加することになる．ここで注意すべき点は，人口や地代が，$C(g, P)$ が下方シフトしたことによる直接の効

---

[6] ただし，この条件だけでは，安定的な均衡が唯一の均衡とは必ずしも言えない．

94

図4.2　コンセッション方式の効果:　$C(g, P)$ が下方にシフトしたケース

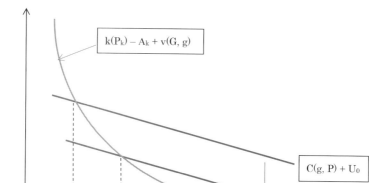

果で増加するだけでなく，P_k の増加が一人当たりの負担 $C(g, P)$ を引き下げることを通じた相乗効果によって，さらに大きく増加していることである．その結果，$C(g, P)$ の減少幅が小さくても，比較的大きな人口 P_k の増加や地代 R_k の上昇が発生する．

　同様の相乗効果は，$v(G, g)$ が増加した場合でも発生する．$v(G, g)$ が増加した場合，曲線 $C(g, P) + U_0$ は変化しない一方，曲線 $\phi(P_k) - A_k + v(G, g)$ が上方にシフトする．その結果，図4.3で示されているように，2つの曲線の交点で決まる P_k は P_2^* から P_2^{**} へと増加する．また，人口 P_k が増加したことに伴って地代 R_k も増加することになる．$C(g, P)$ が減少した場合と同様に，人口や地代は，$v(G, g)$ が増加したことによる直接の効果だけでなく，P の増加が一人当たりの受益者負担 $C(g, P)$ を引き下げることを通じた相乗効果によって，大きく増加している．その結果，$v(G, g)$ の増加幅が小さくても，比較的大きな人口 P_k の増加や地代 R_k の上昇が発生する．

　一般に，地価は地代の割引現在価値で表される．たとえば，t 時点

図 4.3　コンセッション方式の効果：　$v(G, g)$ が増加したケース

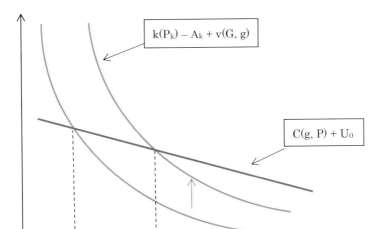

における地区 k の地価を $LP_{k,t}$，地区 k の $t+j$ 時点の地代の予想値を $E_t R_{k,t+j}$，割引率を r とすると，

$$LP_{k,t} = \sum_{j=0}^{\infty} \frac{1}{(1+r)^j} E_t R_{k,t+j}$$

となる．したがって，コンセッション方式の導入が，今後足による投票を伴って都市の人口を増加させ，地代を上昇させることが期待されれば，その都市の地価も同時に上昇することになる．本章の実証分析で，コンセッション方式の経済効果をみるために，それがその地域の地価に有意な影響を与えたかどうかを検証したのは，このような効果が存在するからといえる．

第 5 章　官民連携による需要創出効果

5.1　はじめに

　公共施設の管理・運営に関する PPP/PFI 事業では，民に事業を委託することで，コストの削減やサービスの向上が目指されてきた．民が持つノウハウを活用することで，公共施設の管理・運営をより効率的に行えることが期待されたからである．しかし，民のノウハウを有効に活用するには，管理・運営を委託する業務範囲を狭義の「公共施設」に限定せず，コンセッション方式などを利用して事業者のビジネスの自由度を高めることが重要である．これは，自由度が高まればそれだけ，民が複数の事業を同時に行うことによる「シナジー効果」を発揮することが可能となるからである．第 4 章では，委託された民が複数の事業を同時に行うことによる費用削減など供給サイドのシナジー効果を考察し，それが官民連携事業を「成功」に導くための要因となることをコンセッション方式の「仙台空港特定運営事業」の事例研究を通じて明らかにした．本章では，観光業を対象に需要サイドの観点からシナジー効果に注目して，複数の事業を同時に行うことで PPP/PFI 事業を「成功」に導くためのメカニズムに関する分析を行う．観光振興は，わが国の成長戦略のなかで最重点項目の 1 つに位置付けられてきた（たとえば，櫻川（2013）を参照）．

　本章では，まず前半で，ある観光地に観光施設と複合商業施設が立地する独占的競争モデルを考え，観光施設の魅力向上と商業施設の充

実が相互に作用するシナジー効果で訪問客数が増加するメカニズムを理論的に明らかにする．モデルでは，観光施設の充実は，2つのシナジー効果を通じて訪問客数を増加させる．まず第1は，観光施設間の補完性が高まることで，複数の観光施設を同時に訪れる効用が高まる効果である．第2は，観光施設のバラエティ（多様性）が増えることで，さまざまな施設を同時に訪れる効用が高まる効果である．いずれの効果も，個々の観光施設の魅力は変わらなくても，観光地全体の魅力が高まり，訪問客数の増加につながる．

　一方，商業施設の充実は，2つの効果を通じて観光地を魅力的にする．まず第1は，各店舗の販売価格の引き下げを通じた効果である．店舗の数が多ければ多いほど，複合商業施設の中での競争が激しくなり，それによって訪問客が手ごろな価格で財・サービスを購入できるという魅力が生まれる．第2は，複合商業施設のなかで販売される財のバラエティが増加することによって，施設を訪れる効用が高まる効果である．これは，多様な財を消費した方が効用は高くなるという性質から生まれる効果である．

　従来の研究は，観光施設の魅力向上と隣接する商業施設の充実を独立な問題として，影響を考察することが多かった．しかし，観光施設と商業施設は本来独立なものではなく，お互いに影響を与え合う相乗効果を持っている．したがって，官民連携によって観光地の魅力を高めるためには，観光客数と店舗の数の間で一方の増加が他方を増加させるというシナジー効果に注目したアプローチが重要となる．

　本章の後半では，このようなシナジー効果を発揮した官民連携の事例として，「大阪城公園パークマネジメント事業」を扱う．この事業は，公共施設や公園の管理運営を任せる「指定管理者制度」の運営権を長期化して，民間に売却する全国で初となる事例である．第2章5節でみたように，従来の指定管理者制度は，業務範囲が狭義の管理・運営に限定されていたため，事業者はそのノウハウを発揮する余地が限ら

れていた．しかし，2011年のPFI法の改正によってコンセッション方
式が導入され，事業者の業務範囲が飛躍的に拡大し，多様なビジネス
の展開が可能となった．本事業もそのような事例であり，特に需要サ
イドのシナジー効果が官民連携を「成功」に導くための要因であるこ
とを示唆するものである．

　本事業において大阪市が導入したのは，日本初の観光拠点型PMO
（公園を一体管理し，新たな魅力向上事業を実施する民主体の事業体，
Park Management Organization）であった．2012年12月に大阪府市で
策定した「大阪都市魅力創造戦略」によると，本事例は世界的な観光拠
点に相応しいサービスの提供や新たな魅力創出を目的としている．従
来型の指定管理者による公園の整備だけでなく，大阪城公園の観光拠
点化に向けて，新たな魅力ある施設の整備や既存の未使用施設の利活
用も活発に行われた．

　大阪市では，事業開始に際して，2014年5月に，市立公園の民営化
を可能にする「大阪市公園条例」が施行された．2014年6月に事業者
の公募を行い，その結果，複数の企業で構成される「大阪城パークマ
ネジメント共同事業体」をPMO事業者として選定した．翌年の4月
より，大阪城PMOがスタートし，日本初の観光拠点型PMOが導入さ
れた．選定されたPMO事業者は，2015年4月1日から2035年3月
31日までの20年間に亘り，大阪城公園にある複数施設（大阪城公園及
び他5公園施設）を一体的に管理運営する指定管理者となり，かつ既
存施設の活用（もと市立博物館，大阪迎賓館，もと音楽団事務所）及
び新たな商業施設の設置運営[1]，さらにアクセス向上策やイベントの実
施を行うこととなった．PMO事業者は，広告代理店である株式会社電
通・関西支社を代表者として，マスコミ，施設の整備，管理運営を担
う企業で構成されており，各企業のノウハウを活用することで魅力向

---

[1]　17年6月に「ジョーテラス大阪」，同年10月に「もと大阪市立博物館」が「ミライ
　　ザ大阪城」としてオープンした．

図 5.1　主要な城郭への入場者数（有料）の推移

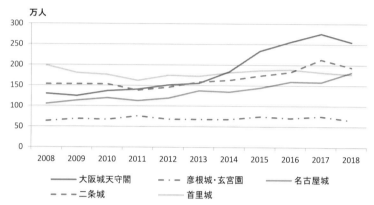

出所：各自治体の統計データより筆者作成.

上のためにさまざまな事業の具体化が行われた．その一方で，大阪市は，あくまでもサポート役として関与するのみの主体となった．

　2014 年は大阪冬の陣，2015 年は大阪夏の陣から 400 年，さらに 2017 年は大政奉還から 150 年の節目の年であることからイベント等様々な手法で大阪城の魅力が発信された．その結果，2014 年から天守閣の入城者数は増え，アジア地域を中心としたインバウンド（訪日観光客）と相まって 2016 年には約 256 万人，2017 年はそれをさらに上回る約 275 万人の入城者を迎え，年度入城者数の最高記録を更新し続けている．図 5.1 は，主要な城郭への入場者数の推移を示したものである．大阪城への入場者数は以前から全国でも常に上位に位置していたが，トップというわけではなかった．しかし，観光拠点型 PMO が開始された 2015 年には，大阪城が他の城郭の入場者数を大きく引き離してトップに立ち，2016 年にはその差をさらに大きく広げている．2015 年に観光拠点型 PMO が開始されて以降，大阪城で観光客の数がこれまで以上に飛躍的に増加するという現象が明確に観察されているといえる．本章の後半では，観光拠点型 PMO として行われた大阪城公園パークマ

ネジメント事業が，需要サイドの観点からシナジー効果を通じて多くの観光客を惹きつけることに成功したことを，第 4 章と同様に，差分の差分法を用いて実証的に考察する．

5.2　理論モデル

　本節では，観光施設の魅力向上と商業施設の充実が相互に作用するシナジー効果で訪問客数が増加するメカニズムを理論的に考察する．分析では，佐藤・田渕・山本（2011）の独占的競争モデルを応用し，ある観光地に観光施設と複合商業施設が存在するモデルを考える．複合商業施設では，N 個の店舗による独占的競争を仮定し，そこで各店舗は差別化された財を販売しているとする．多様な選好を持つ観光客 k は，まずこの観光地を訪れるかどうか決定し，訪れることが決定した場合，効用を最大化するように，訪問する観光施設と各商業施設での購入量を決定する．

5.2.1　観光客の消費行動
　この観光地を訪れる観光客 k は，その観光地の観光施設 $i\,(i = 1, 2, ..., M)$ のいくつかを入場料 f_i を支払って訪ねると同時に，複合商業施設で店舗 $j\,(j = 1, 2, ..., N)$ から価格 p_j の商品を q_j だけ購入する．その際の観光客 k の効用関数は，財の購入から得られる CES 型の効用と観光施設からの効用 $u_k(g_1, g_2, ..., g_M)$ の和として，以下のように書き表されるものとする．

$$U_k = \left[\sum_{j=1}^{N} q_j^{\frac{\sigma-1}{\sigma}} \right]^{\frac{\sigma}{\sigma-1}} + u_k(g_1, g_2, ..., g_M) \tag{5.1}$$

ただし，g_i は観光施設 i の消費量で，観光客 k が訪れた時に 1，訪れなかったときに 0 をとる二値変数である（すなわち，$g_i = 1$ のとき観光施設 i に行く，$g_i = 0$ のとき観光施設 i に行かないとする）．また，$\sigma(>1)$ は，バラエティ間の消費における代替の弾力性を表している．予算制約式は，観光地での移動コストを T とすると，

$$Y = \sum_{j=1}^{N} p_j q_j + \sum_{i=1}^{M} f_i g_i + T \tag{5.2}$$

である．簡単化のため，Y は全ての観光客で同じであるとする．

　この観光地を訪れることを決定した観光客 k は，予算制約式 (5.2) の下で，効用関数 (5.1) を最大化する．その一階の条件は，ラグランジュ乗数を λ とする次の式を最大化するものとなる．

$$L = \left[\sum_{j=1}^{N} q_j^{\frac{\sigma-1}{\sigma}}\right]^{\frac{\sigma}{\sigma-1}} + u_k(g_1, g_2, ..., g_M) + \lambda\left(Y - \sum_{j=1}^{N} p_j q_j - \sum_{i=1}^{M} f_i g_i - T\right)$$

$$\tag{5.3}$$

観光客 k の各観光施設の消費量 g_i は，1 か 0（つまり行くか行かないか）の選択問題となる．今，g_i の 0 から 1 の変化を Δg_i で書き表すと，このとき，この選択問題の一階の条件は，

$$\frac{\Delta L}{\Delta g_i} = \frac{\Delta u_k(g_1, g_2, ..., g_M)}{\Delta g_i} - \lambda f_i \geq 0 \ (g_i = 1)$$

$$\frac{\Delta L}{\Delta g_i} = \frac{\Delta u_k(g_1, g_2, ..., g_M)}{\Delta g_i} - \lambda f_i < 0 \ (g_i = 0)$$

となる．特に $\lambda = (\sum_{j=1}^{N} p_j^{1-\sigma})^{\frac{1}{\sigma-1}}$ であることから，

$$\frac{\Delta L}{\Delta g_i} = \frac{\Delta u_k(g_1, g_2, ..., g_M)}{\Delta g_i} \geq f_i \left[\sum_{j=1}^{N} p_j^{1-\sigma}\right]^{\frac{1}{\sigma-1}} \ (g_i = 1) \tag{5.4}$$

$$\frac{\Delta L}{\Delta g_i} = \frac{\Delta u_k(g_1, g_2, \dots, g_M)}{\Delta g_i} < f_i \left[\sum_{j=1}^{N} p_j^{1-\sigma} \right]^{\frac{1}{\sigma-1}} \ (g_i = 0) \qquad (5.5)$$

となる(詳しい導出は,本章の付録を参照).(5.4)式および(5.5)式は,観光施設の入場料 f_i が十分に低い水準に設定されている場合や,観光施設が観光客 k にとって十分魅力的である(すなわち $\frac{\Delta u_k(g_1, g_2, \dots, g_M)}{\Delta g_i}$ が大きい)場合に,観光客 k は観光施設 g_i を訪問すること示している(なお,観光客 k がこの観光地を訪問するには,少なくとも一つの g_i は 1 を選択していることが必要である).

　一方,この観光地を訪問する観光客 k が店舗 j からの購入量 q_j に関する一階の条件は,(5.3) 式を q_j で微分してゼロと置くことによって求められる.その条件から,店舗 j が販売する財に対する観光客 k の逆需要関数が,以下のように導かれる.

$$q_j = \frac{p_j^{-\sigma}}{\sum_{j=1}^{N} p_j^{1-\sigma}} \left(Y - \sum_{i=1}^{M} f_i g_i - T \right) \qquad (5.6)$$

(5.6) 式より,この逆需要曲線は,Y がすべての観光客で同じであるという仮定の下では,この観光地を訪れるすべての観光客で共通となる.これは,効用関数 (5.1) では,各店舗の財は異質であるが,その異質性は対称的であるからである.

5.2.2　生産者の行動

　観光地に立地する複合商業施設では,各店舗は差別化された財を販売し,独占的競争を行っている.このため,複合商業施設に出店する店舗 $j(j = 1, 2, \dots, N)$ は逆需要関数(5.6) 式を所与として,その販売価格 p_j を,以下の利潤を最大化するように決定する.

$$\pi_j = K(p_j - c)q_j - F \qquad (5.7)$$

ここで，K は観光地を訪れる観光客の総数．また，c は限界費用，F は固定費用である．このとき，各店舗は，(5.6) 式のもとで，(5.7) 式を最大化する．その一階の条件から，店舗 j の均衡販売価格は，

$$p_j = p^* = \frac{c(\sigma N + (1-\sigma))}{(\sigma - 1)(N-1)} \tag{5.8}$$

となる．(5.8) 式が示すように，均衡販売価格はすべての店舗で同じである．これは，効用関数（5.1）で，各店舗の財の異質性は対称的であると仮定したことによる．また，$\sigma > 1$ であることから，(5.8) 式が満たすような均衡販売価格は店舗の数 N が増加すると下落する．これは，店舗の数が増加すると店舗間の競争が増すことで，価格が下落する効果を反映したものである．

観光施設に対しての選択問題

観光客 k がこの観光地を訪れた時の間接効用 V_k は，(5.1)，(5.6)，(5.8) 式から，

$$V_k = \frac{1}{p^*} N^{\frac{1}{\sigma-1}} \left(Y - \sum_{i=1}^{M} f_i g_i - T \right) + u_k(g_1, \ldots, g_M) \tag{5.9}$$

簡単化のため，以下では，すべての観光客はこの観光地を訪れなかった場合の共通の留保効用 V_0 を得ることができるものとする．このとき，観光客 k がこの観光地を訪れる条件は，$V_k \geq V_0$ すなわち，

$$u_k(g_1, g_2, \ldots, g_M) \geq V_0 - \frac{1}{p^*} N^{\frac{1}{\sigma-1}} \left(Y - \sum_{i=1}^{M} f_i g_i - T \right) \tag{5.10}$$

となる．(5.10) 式を満たす観光客 k が多ければ多いほど，この観光地にはより多くの観光客が来ることになる．

(5.10) 式から，この不等号は V_0 が小さいとき成立しやすくなる．し

かし，V_0 が一定でも，不等号はさまざまな要因によって成立しやすくなる．以下では，どのような要因が不等号を成立しやすくするかを考察することによって，観光地がいかに観光客を惹きつけることができるかを考察する．

5.2.3 観光客が増加する要因
観光施設の魅力を向上させるルート

(5.10) 式から，この不等号は $u_k(g_1, g_2, ..., g_M)$ が大きい観光客 k で満たされやすい．特に，(5.10) 式の右辺が観光客 k に依存しないことから，他の条件を所与としたとき，$u_k(g_1, g_2, ..., g_M)$ が一定以上の大きさの観光客 k のみがこの観光地を訪問することがわかる．すなわち，民間事業者のノウハウが観光施設の魅力を向上させることで $u_k(g_1, g_2, ..., g_M)$ を高めることができれば，観光客の数を増加させることがわかる．ただ，$u_k(g_1, g_2, ..., g_M)$ は，個々の観光施設の魅力が一定でもシナジー効果を通じて高めることが可能である．

このことをみるため，以下では，観光客 k が行きたい観光施設を順番に並べ，i が m 以下のとき観光施設 i に行き（$g_i = 1$），i が m より大きいとき観光施設 i に行かない（$g_i = 0$）とする（ただし，$1 \leq m \leq M$）．また，観光施設から得られる効用は，CES 型関数として書き表されるとする．

$$u_k(g_1, g_2, ..., g_M) = \left[\sum_{i=1}^{M} \phi_{k.i}(g_i)^{\frac{\gamma-1}{\gamma}} \right]^{\frac{\gamma}{\gamma-1}} \tag{5.11}$$

ただし，$\phi_{k.i}$ は各観光施設の魅力度を表すパラメータ．

(5.11) 式より，$\phi_{k.i}$ が一様に増加すれば，$u_k(g_1, g_2, ..., g_M)$ が増加することは容易に確認できる．これは，個々の観光施設の魅力を向上させることによるもので，民間企業のノウハウを活用する PMO 事業でも期待されている効果である．しかし，(5.11) 式では，$\phi_{k.i}$ が一定の場

合でも，$u_k(g_1, g_2, ..., g_M)$ は 2 つのルートを通じて増加する．

　第 1 は，γ の減少が $u_k(g_1, g_2, ..., g_M)$ を高めるルートである．これは，個々の観光施設から得られる効果 $\phi_{k,i}$ は不変でも，複数の観光施設の補完性が高まれば，観光施設全体から得られる効用が高まることによって生まれる．個々の魅力は変わらなくても，施設の補完性が高まれば，複数の施設を同時に訪れることで観光地全体の魅力が高まるシナジー効果といえる．γ の減少が $u_k(g_1, g_2, ..., g_M)$ を増加させることは，数学的には，M や $\phi_{k,i}$ を一定として，(5.11) の右辺が γ の減少関数であることから確認できる．

　第 2 は，新たに魅力的な観光施設ができたことで，これまでは訪れることのなかった観光施設への訪問者の数を増やすルートである．これは，施設の魅力は変わらなくても，他に魅力的な施設ができることで観光地全体の魅力が高まることで発生する．数学的には，γ や $\phi_{k,i}$ を一定として，ある観光施設 j（ただし，$1 < j \leq M$）に関して，他に魅力的な施設ができると $\frac{\Delta u_k}{\Delta g_j}$ が増加することによって発生する．(5.4) 式および (5.5) 式から，観光客 k は λf_j（ただし，$\lambda = (\sum_{j=1}^{N} p_j^{1-\sigma})^{\frac{1}{\sigma-1}}$ 以上のとき施設 j を訪問し，小さいとき観光施設 j を訪問しない．したがって，新たな施設ができる前は λf_j より小さかった $\frac{\Delta u_k}{\Delta g_j}$ が，施設ができた後に λf_j 以上となれば，他の施設ができたことではじめて観光客 k が施設 j を訪れる効果が生まれる．

　たとえば，$\gamma = 2$ のとき，

$$\frac{\Delta u_k(g_1, ..., g_j, ... g_M)}{\Delta g_j} = u_k(1, ..., 1, 1, 0, ..., 0) - u_k(1, ..., 1, 0, 0, ..., 0)$$

$$= \left[\sum_{i=1}^{j} \phi_i\right]^2 - \left[\sum_{i=1}^{j-1} \phi_i\right]^2$$

$$= \phi_j \left[2 \sum_{i=1}^{j-1} \phi_i + \phi_j \right]$$

同様に，施設 0 ができたとき

$$\frac{u_k(g_0, g_1, .., g_j, ...g_M)}{\Delta g_j} = \phi_j \left[2 \sum_{i=0}^{j-1} \phi_i + \phi_j \right]$$

いま，ある ϕ_i の組み合わせにおいて，$\phi_j \left[2 \sum_{i=1}^{j-1} \phi_i + \phi_j \right] < \lambda f_j < \phi_j \left[2 \sum_{i=0}^{j-1} \phi_i + \phi_j \right]$ が成立するものとする．このとき，観光客 k は，施設 0 が存在しないときは施設 j を訪問しないのに対して，施設 0 ができた後は施設 j を訪問することを示すことができる．このことは，この観光地に新たに魅力的な観光施設ができた場合，観光客が既存の観光施設も新たに訪問する可能性があることがわかる．

　ここで注意すべき点は，上記の結果は $\phi_0 = \phi_j$ および $f_0 = f_j$ のときや $\phi_0 < \phi_j$ でも f_0 が十分に小さいときにも成立する可能性があることである．このことは，施設 0 は必ずしも非常に魅力的な施設である必要はなく，施設 j と同程度か，入場料が安ければそれ以下の魅力の施設でも良いことを意味している．

商業施設の充実がもたらす効果

　（5.10）式においてもう一つ注目すべき点は，$u_k(g_1, g_2, ..., g_M)$ や V_0 を所与とした場合，この不等号が商業施設の店舗数 N が多い場合や観光内の移動コストが T が小さい場合にも満たされやすくなる点である．つまり，N の増加や T の減少は，この観光地に来る観光客の増加を示している．このうち，T の減少は，(5.2) 式で示される予算制約式を緩和し，消費総額 $\sum_{j=1}^{N} p_j q_j$ を増加させることによって，この観光地の魅力を増加させるものである．T は予算制約には含まれるものの，観光地内を移動する金銭的コストよりも，時間的コスト（いわゆる機会

費用）を反映したものと考えられる．観光地内の移動に時間がかかれ
ば，他のアクテビティに使える時間が少なくなってしまうからである．
したがって，観光施設間だけでなく，観光施設と商業施設の間の移動
時間が短くなれば，それだけ機会費用が節約され，その分，この観光
地の魅力を向上させることになる．

　これに対して，N の増加は大きく分けて 2 つのルートを通じてこの
観光地を魅力的にする．第 1 は，各店舗の販売価格を引き下げること
を通じたルートである．(5.8) 式が示すように，均衡販売価格 p^* は N
が増加すると下落する．これは，店舗の数が多ければ多いほど，複合
商業施設の中で競争が激しくなり，それによって価格が下がる効果で
ある．第 2 は，複合商業施設の中で販売される財のバラエティが増加
することによって，効用が高まるルートである．(5.1) のように，財か
ら得られる効用が CES 型である場合，消費総額 $\sum_{j=1}^{N} p_j q_j$ が同じ場
合でも，限界効用の逓減から，より多くの財を消費した方が（すなわ
ち，N がより大きい方が）効用 $U_k = \left[\sum_{j=1}^{N} q_j^{\frac{\sigma-1}{\sigma}} \right]^{\frac{\sigma}{\sigma-1}}$ は高くなるとい
う性質がある．第 2 のルートは，この性質から生まれる効果である．

5.2.4 需要サイドのシナジー効果

　これまでは，観光施設の魅力向上と隣接する商業施設の充実を独立
した問題として，それぞれの観光客数に与える影響を考察してきた．し
かし，これらは本来独立なものではなく，お互いに影響を与え合う相
乗効果を持っている．たとえば，観光施設の魅力が向上し，観光客数
K が増加すれば，隣接する商業施設を訪れる客数も増加することで隣
接する商業施設の利益が上昇し，商業施設の充実につながる可能性が
ある．実際，(5.6), (5.7), (5.8) 式より，各店舗の利潤は，

$$\Pi_j = K \frac{N\sigma - (\sigma - 1)}{(N-1)^2} \left(Y - \sum_{i=1}^{M} f_i g_i - T \right) - F \qquad (5.12)$$

と書き表されることから，K が増加すると各店舗の利潤 Π が上昇することが確認できる．このため，$\Pi > 0$ である限りその利潤を求めてより多くの店舗が新規参入すると，K の増加によって，隣接する商業施設における店舗の数 N は増加することになる．

　一方，N の増加は上述のルートを通じて，不等式（5.10）を成り立ちやすくするため，この観光地を訪れる観光客がさらに増加することが期待できる．したがって，観光客数 K と店舗の数 N との間には，一方の増加が他方をも増加させるという相乗（乗数）効果が存在する．

　たとえば，効用関数（5.11）のパラメータ ϕ_i の増加または γ が減少した，あるいは魅力的な観光施設が増加したとしよう．この場合，観光地全体の魅力が向上することで，この観光地を訪れる観光客の数 K は増加する．しかし，その影響はこのような直接の効果にとどまらない．K の増加は各店舗の利潤を上昇させるため，新規参入を促すことで隣接する商業施設の店舗数 N の増加につながる．さらに，店舗の数 N が増加すれば，この観光地の魅力は向上し，この観光地を訪れる観光客 K はより一層増加する．その結果，$K \uparrow \Rightarrow \Pi \uparrow \Rightarrow N \uparrow \Rightarrow K \uparrow \Rightarrow \Pi \uparrow \Rightarrow N \uparrow \Rightarrow \ldots\ldots$ というプラスの相乗（乗数）効果が発生する．

　また，観光地内の移動 T が減少，あるいは隣接の商業施設の数 N が拡大した場合，その直接効果としてこの観光施設に隣接する商業施設の魅力は向上する．しかし，この場合も，その影響は隣接の商業施設における店舗の数 N が増加するという直接の効果にとどまらない．店舗の数 N が増加すれば，この観光地の魅力は向上し，それによって観光客 K は増加する．さらに，観光施設や商業施設を訪れる観光客 K が増加すればそれによって各商業施設の利潤は上昇し，新規参入によってさらなる店舗 N の増加がもたらされる．商業施設の店舗数が増加すれば，この観光地の魅力はますます向上し，この観光地を訪れる観光客 K はより一層増加する．その結果，再び $K \uparrow \Rightarrow \Pi \uparrow \Rightarrow N \uparrow \Rightarrow K \uparrow \Rightarrow \Pi \uparrow \Rightarrow N \uparrow \Rightarrow \ldots\ldots$ というプラスの相乗（乗数）効果が発生する．

5.3　事例研究：大阪城公園パークマネジメント 事業

　前節では，独占的競争モデルを用いることで，観光施設の魅力向上 と商業施設の充実が相互に作用し，訪問客数を増加させるシナジー効 果のメカニズムを考察した．以下の節では，このような需要サイドの シナジー効果を発揮した官民連携の事例として，「大阪城公園パークマ ネジメント事業[2]」を取り扱い，観光拠点型 PMO の効果を検証する． 大阪城公園パークマネジメント事業は，PMO（公園を一体管理し，新 たな魅力向上事業を実施する民主体の事業体）によって，レストラン・ 売店等を民間活力により再編するほか，重層的に存在する歴史資源を 活用した新たな観光スポットを創出するなど，同公園を含む大阪城・大 手前・森之宮地区の総合的なマネジメントを行うことを通じて，これら の地区を世界的観光拠点化することが目指された新しい試みであった．

　大阪城公園は，大阪市の中央に位置する広大な都市公園（歴史公園） であり，登録文化財である大阪城天守閣等の歴史公園としての魅力を象 徴する施設と，大阪城音楽堂等，様々な施設から構成されている．大阪城 天守閣は 1931 年に大阪市民の寄附で再建され，1995 年から 9 年にかけ て大規模な改修工事が行われて現在の姿となっている．古くから市民の 城として親しまれてきた建物であり，大阪のシンボルともいうべき存在 で，日本の中でもっとも人気のあった観光地の 1 つであった．このため， 開始前は，観光拠点型 PMO によって本当に観光客を大幅に増やすこと ができるのかに関してその有効性を危ぶむ声がないわけではなかった．

　しかし，図 5.1 で示したように，2015 年に観光拠点型 PMO が開始 されて以降，大阪城で観光客の数がこれまで以上に飛躍的に増加する

---

[2] 大阪城パークマネジメント共同事業体による「大阪城公園パークマネジメント事業 2017 年度事業報告書」などが参考になる．

図 5.2　大阪市の文化施設への入場者数の推移

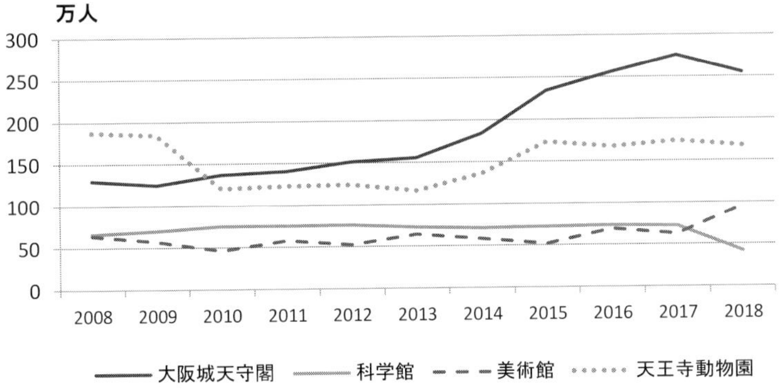

出所：大阪市『市設文化施設の利用状況』

　という現象が明確に観察されている．図 5.2 が示すように，大阪城の
入場数が 2015 年頃から急速に増加したという傾向は，大阪市が管轄す
る他の文化施設への入場者数と比較した場合でも同じであった．以前
から大阪城は，大阪市の文化施設のなかでも最も利用者が多い施設で
あった．しかし，他の文化施設の利用者が伸び悩むのに対して，大阪
城の入場数は 2009 年をボトムに増加を続け，2015 年以降にその差を
さらに拡大している．
　大阪城公園パークマネジメント事業は，大阪城公園の維持管理・運
営権を電通を代表者とした複数の民間企業から構成される「大阪城公
園パークマネジメント事業者」に委託した．大阪城公園の総合的なマ
ネジメントを行い，レストラン・売店等を民間活力により再編するほ
か，重層的に存在する歴史資源を活用した新たな観光スポットを創出
することが目指された．その結果，天守閣の入城者数は，大阪城 PMO
を導入した 2015 年以降，急増した可能性が高いといえる．
　ただし，この増加は大阪城 PMO 導入の効果だけでなく，トレンド的
に上昇している国内外の観光客の影響も含まれる．2012 年以降，図 5.3

図 5.3　訪日外客数及び来阪外客数の推移

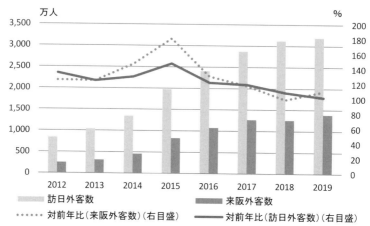

出所：独立行政法人　国際観光振興機構『月別・年別統計データ』および観光庁『訪
　　　日外国人消費動向調査』

で示すように，日本政府による観光促進策で訪日外国人は増加傾向に
あり，特に大阪府のインバウンド効果は顕著である[3]．このため，観光
拠点型 PMO が大阪城への入場者数の増加に大きく貢献したことを示す
には，厳密な計量分析の手法を使ってインバウンドと観光拠点型 PMO
の効果を識別し，観光拠点型 PMO の効果のみの効果など他の効果と
判別する必要がある．

5.4　実証分析

5.4.1　データ：JR の乗車人員数

　以下の節では，『大阪府統計年鑑』に収録されている「JR 各駅の乗車
人員」（資料：西日本旅客鉄道株式会社）を使って，他の条件をコント

---

[3] 来阪外客数は，日本政府観光局（JNTO）の「訪日外客数」に，観光庁の「訪日外国人
　消費動向調査」の訪問率を乗じて算出．

図 5.4　大阪市内全体の JR 乗車人員の推移

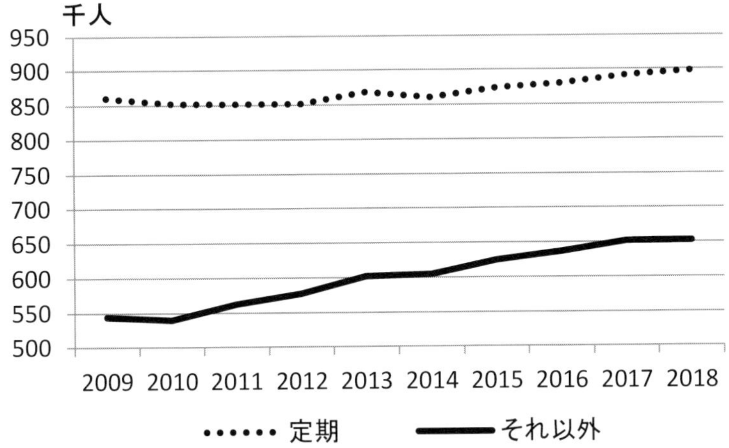

出所：『大阪府統計年鑑（運輸・通信）』

ロールした場合に，観光拠点型 PMO が大阪城への入場者数の増加に
有意に貢献したかどうかを検証する．本データの大きな特徴は，各年
度の大阪市内の JR 各駅の乗車人員が，総数だけでなく，定期利用数も
公表されていることである．一般に，乗車人員の総数には，観光客だ
けでなく，通勤・通学の利用者が数多く含まれるという問題がある．し
かし，JR 各駅の定期以外の乗車人員を計算すれば通勤・通学以外の利
用者を把握することが可能で，観光拠点型 PMO の影響を受けやすい
利用者の動向を反映したデータになると考えられる．

　図 5.4 は，2009 年度以降の大阪市内全体の JR 乗車人員の推移を，定
期とそれ以外に分けてそれぞれ示したものである．JR 乗車人員は，定
期利用者でも 2013 年度以降に上昇トレンドが見られるものの，その上
昇幅は非常に緩やかなものであった．これに対して，定期以外の乗車
人員は，2011 年度頃から目覚ましい上昇トレンドが観察される．2018
年は 6 月の大阪北部地震，9 月の台風被害に伴う関西国際空港の一時

図 5.5　JR 各駅の定期以外の乗車人員の変化

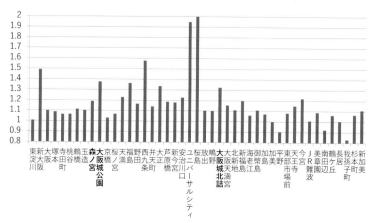

閉鎖などマイナス要因があったものの，2012 年度以降は，インバウン
ドなどの効果で，大阪市全体で乗車人員数は増加傾向にあったことが
読み取れる．これは，この時期，訪日外国人観光客や国内の訪問客が
大きく増加した効果を反映したものであると考えられる．なお，2008
年 3 月 15 日におおさか東線が開業して以降，2019 年 3 月 16 日におお
さか東線が延伸されるまで大阪市内に新駅は開業されていない．

　ただし，大阪市内の JR 乗車人員の増加数は，駅によって大きく異
なる．図 5.5 は，2011 年度から 2018 年度にかけての JR 各駅の定期以
外の乗車人員の変化を，2011 年度の乗車人員を 1 と正規化して示した
ものである．図 5.5 からわかるように，大阪市内の大半の駅では，乗
車人員の増加を示す 1 の値を超えている．しかし，そのなかで，「ユニ
バーサルシティ」と「桜島」が，1.9 超とその増加率が突出している．
これは，この時期に USJ（ユニバーサル・スタジオ・ジャパン）の利
用者が大幅に増加したことを反映したものといえる．また，「新大阪」
と「西九条」が，約 1.5 超と次に大きな伸び率を示している．「新大阪」
は新幹線を利用した観光客の増加を，また「西九条」は USJ につなが

図5.6　2012–15 年度と 2015–18 年度の乗車人員の変化

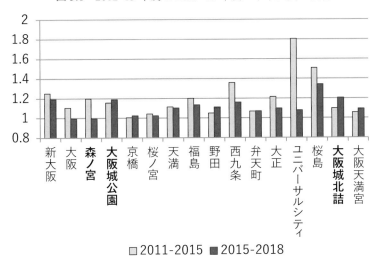

る JR ゆめ咲線への乗り換えの増加をそれぞれ反映したものと考えられる．一方，大阪城公園の最寄り駅である「大阪城公園」や「大阪城北詰」は，「福島」らとともに約 1.3–1.4 と 3 番目に増加率が大きなグループである．ただ，大阪市内の訪日外国人や国内の訪問客が大きく増加するなかで，2011 年度から 2018 年度にかけての通期で見ると，大阪城公園の JR 最寄り駅の乗車人員は，必ずしも際立った増加を示していなかったことがわかる．

　しかし，サンプル期間を 2015 年度で分割して JR 各駅の定期以外の乗車人員の変化を比較すると，「大阪城公園」や「大阪城北詰」などの大阪城公園の最寄り駅で，2015 年度以降に際立った利用者数の増加があったことが読み取れる．図 5.6 は，大阪市内の JR 主要駅を対象に，2011–15 年度と 2015–18 年度の乗車人員の変化を，それぞれ初期時点の乗車人員を 1 と正規化して示したものである．この図でも，USJ 人気を反映して，「ユニバーサルシティ」，「桜島」，および「西九条」が増

加率では依然として大きい．しかし，2つの期間を比較した場合，いずれも 2011–15 年度に比べて 2015–18 年度の増加率が下落している．これに対して，「大阪城公園」と「大阪城北詰」は，「大阪天満宮」とともに，2011–15 年度に比べて 2015–18 年度の増加率が上昇している．この結果は，全体として大阪市内の JR 乗車人員が増加するなかでも，大阪城の観光拠点型 PMO が始まった 2015 年度以降に，大阪城公園の最寄り駅の利用者数が大きく増加した可能性を示唆するものである．

　そこで以下では，大阪城公園への訪問客数の増加が，PMO 事業を導入したことによる効果なのかインバウンドなど大阪市全体に共通する効果によるものなのかを判別するため，第 4 章で用いた差分の差分法（Difference-in-Difference: DID) を使って検証を行うことにする．具体的には，大阪城公園の JR 最寄り駅の乗車人員数（対数値）を大阪城公園およびその周辺への訪問客数の代替変数としてとらえて処理群とし，それを他の大阪市内の JR 各駅の乗車人員数（対数値）と比較することで，大阪城 PMO の効果を検証する．ただし，乗車人員数には時間を通じて上昇するトレンドがあり，かつそのトレンドは駅によって異なる．このため，推計に用いた乗車人員数は，各駅の実際の乗車人員数（対数値）から各駅の 2011–15 年度の平均増加率（対数値階差）を取り除いたものを用いた．このトレンド除去の結果，以下で用いる乗車人員数は，すべての駅で 2011–15 年度の平均増加率（対数値階差）がゼロとなっている．

5.4.2　手法

　以下の分析では，$\log Y_{j,t}$ を時点 t における駅 j のトレンド除去後の乗車人員数の対数値，PMO_t を PMO 導入以前に 0，以後に 1 の値をとるダミー変数と定義する．その上で，固定効果 v_j と u_t を含む次の式

を推計した [4].

$$\log Y_{j,t} = \alpha + \delta Treat_j * PMO_t + v_j + u_t \tag{5.13}$$

ここで注意すべき点は，処理群の（トレンド除去後の）乗車人員数がPMO の導入というイベント後に上昇したとしても，それだけでイベントが処理群の乗車人員数を上昇させたとは言えないことである．よって，イベントが処理群に与えた効果を判別するには，処理群のイベント後の（トレンド除去後の）乗車人員数の変化から対照群のイベント後の（トレンド除去後の）乗車人員数の変化を取り除くことが必要になる．(5.13) 式では，そのようにして判別された処理群の純粋な効果は，$Treat_j$ と PMO_t との交差項の係数 δ によって求められる．すなわち，係数 δ の推計値が有意に正の場合に，PMO 導入が乗降客数にプラスの効果を与えたと結論付けることが可能となる．

　以下の分析において，処理群は大阪城公園の JR 最寄り駅「大阪城公園駅」，「大阪城北詰駅」，「森ノ宮駅」のトレンド除去後の乗車人員数である．一方，対照群は，大阪市内にある他の JR42 駅の乗車人員数である（したがって，$Treat_j$ は駅 j が大阪城公園の最寄り駅であるとき 1，他の 42 駅であるとき 0 の値をとるダミー変数となる）．他の 42 駅を対照群として用いたのは，大阪城公園の最寄り駅と同様に大阪市で共通する効果の恩恵を受ける一方で，大阪城公園の最寄り駅とは異なり，PMO による直接効果はほとんど受けないと考えられるからである．ただし，他の JR42 駅のうち「ユニバーサルシティ」，「桜島」，および「西九条」の 3 駅は USJ の影響を受けるため，駅 j がこの 3 駅の 1 つであるとき 1，他の 42 駅であるとき 0 の値をとるダミー変数 USJ_j を定義し，$USJ_j * PMO_t$ を説明変数に加えた推計も行った．

　以下の推計では，インバウンド効果が出始めた 2011 年度から 2018

---

[4] 第 4 章の差分の差分法では，説明変数 $Treat_j$ と PMO_t をそれぞれ加えたが，本推計では固定効果 v_j と u_t を含めたため，これらの変数は含まれていない．

年度までの「大阪市内の JR 各駅の定期以外の乗車人員数」からなる
パネルデータを用いる．データはすべて，『大阪府統計年鑑（運輸・通
信）』から入手した．(5.13) 式を推計するに際して，PMO 導入のイ
ベントに関するダミー変数 PMO_t は，2014 年度まで 0，2015 年度以後に
1 の値をとるケースと，2015 年度まで 0，2016 年度以後に 1 の値をと
るケースの 2 通りを考えた．大阪城公園 PMO 事業においては，2014
年 6 月に運営事業者に関わる募集要項や選定基準が公表され，2014 年
10 月に運営を行う企業グループが最終的に決定された．さらに，2014
年・2015 年は，大坂冬の陣（1614 年）・大坂夏の陣（1615 年）から数
えて 400 年を迎える節目の年にあたり，期間中は様々なイベントや催
しが大阪城周辺で開催された．本イベントは，大阪府内の市町村や大
坂の陣ゆかりの市町村，また大阪城公園パークマネジメント事業者と
も連携している．このため，PMO 導入のイベントは 2015 年度には発
生していたものと考えられる．ただし，その効果が現れるにはラグが
ある可能性がある．2 通りのダミー変数 PMO_t は，その可能性を考慮
する形で設定した．

5.4.3　分析結果

表 5.1 は，2 通りのダミー変数 PMO_t に関して，USJ_j*PMO_t を説明
変数に加えたケースとそうでないケースの推計結果をそれぞれまとめ
たものである．いずれも，係数の共分散は White cross-section の方法を
用いて推計した．いずれのケースも，交差項 $Treat_j*PMO_t$ の係数は，
常に統計的に有意なプラスをとった．このことは，イベントが処理群
の乗降客数に有意なプラスの影響を与えたことを示している．

各係数の推計値は，説明変数が 1 単位変化したときに，乗降客数が
何％ポイント上昇するかを示している．交差項 $Treat_j*PMO_t$ の推計値
は，イベント年を 2015 年度とした場合 0.029 の値を，2016 年度とし
た場合 0.034 の値をとった．この結果は，大阪城公園 PMO が導入さ

表5.1　基本推計の結果

	イベント = 2015 年度		イベント = 2016 年度	
定数項	8.564 (22277)***	8.566 (6831)***	8.564 (37946)***	8.566 (7899)***
$Treatment * PMO$	0.033 (2.846)***	0.029 (2.508)**	0.039 (4.325)***	0.034 (3.253)***
$USJ * PMO$		−0.049 (−1.434)		−0.069 (−1.929)*
年固定効果	yes	yes	yes	yes
駅固定効果	yes	yes	yes	yes
自由度調整済み R^2	0.999	0.999	0.999	0.999
観測数	360	360	360	360

注) 括弧内は t 値. *** が 1%有意, ** が 5%有意, * が 10%有意.

れたことによって, 大阪城公園最寄りの JR3 駅の乗車人員数が約 3〜3.5%ポイント上昇したことを示している. 2015 年度から 18 年度の JR3 駅の乗車人員数の増加率が年平均 2.74%であったので, 表の推計結果は, 本来であれば伸び率がトレンドよりも下落するはずの乗車人員数が PMO 導入を機に上昇へと転じたことを示唆している.

一方, $USJ_j * PMO_t$ の推計値は, いずれもマイナスの値をとった. 特に, イベント年を 2016 年度とした場合, そのマイナスの値は統計的に有意となった. この結果は, 大阪城公園 PMO が導入されて以降, USJ へ訪問客数はそれまでのトレンドよりも少なくなったことを示している.

大阪城公園 PMO では, 天守閣の運営事業と共に公園内の商業施設が民間企業と連携して建設や管理・運営されることが決定した. 以上の結果は, そのノウハウが大阪城公園の魅力を高めたことで, 観光客のみならず, 地元住民との相互作用による集積のメリットを高めたことを示している.

5.4.4　分析の拡張

周辺駅への波及効果

前節では，トレンド除去後の乗車人員数（対数値）を訪問客数の代替変数として差分の差分法の推計を行い，PMO 事業の導入が大阪城公園への訪問客数を増加させたことを明らかにした．ただし，その効果は，イベント年を 2015 年度とした場合よりも，2016 年度とした場合の方がより大きかった．このことは，PMO 導入の効果が現れるには，ラグがあった可能性を示唆している．そこで以下では，差分の差分法における交差項として，これまでの $Treat_j*PMO_t$ の代わりに，$Treat_{hj}*year_{st}$ を加えることで，PMO 導入のラグ効果を大阪城周辺の駅ごとに分析する．ここで，$Treat_{hj}$ は，駅 j が大阪城公園の最寄り駅 h（ただし，h = 大阪城公園駅，大阪城北詰駅，森ノ宮駅）であるとき 1，他の 42 駅であるとき 0 の値をとるダミー変数である．また，$year_{st}$ は，年度 t が s（ただし，$s = 2015, 2016, 2017, 2018$）であるとき 1，他の年度であるとき 0 の値をとるダミー変数である．

推計方法は，交差項を変更した以外は，前節と全く同じである．表 5.2 は，交差項 $Treat_{hj}*year_{st}$ に関して，USJ_j*PMO_t を説明変数に加えたケースとそうでないケースの推計結果をそれぞれまとめたものである[5]．係数の共分散は White cross-section の方法を用いて推計した．

まず h が大阪城公園駅や大阪城北詰駅のとき，交差項の係数は，s = 2015 では有意ではなかった一方で，$s = 2016, 2017, 2018$ のときには有意なプラスの値をとった．これに対して，h が森ノ宮駅のときの交差項の係数は，$s = 2015$ のときのみ有意なプラスの値をとり，$s = 2017, 2018$ のときには逆に有意なマイナスの値をとった．この結果は，PMO 導入の効果がまずは大阪城天守閣にもっとも近い森ノ宮駅で現れたが，大阪城公園駅の周辺に商業施設が整備されるにつれて，訪問客が森ノ宮

---

[5] USJ_j の交差項 PMO_t は 2016 年度をイベント年とした．

表 5.2　周辺駅への波及効果の推計結果

定数項	8.564 (35320)***	8.566 (8184)***
大阪城公園*year2015	−0.021 (−1.720)*	−0.021 (−1.717)*
大阪城公園*year2016	0.042 (3.430)***	0.037 (2.840)***
大阪城公園*year2017	0.099 (8.171)***	0.094 (7.295)***
大阪城公園*year2018	0.054 (4.431)***	0.049 (3.780)***
大阪城北詰*year2015	0.019 (1.341)	0.019 (1.339)
大阪城北詰*year2016	0.056 (4.010)***	0.051 (3.529)***
大阪城北詰*year2017	0.126 (8.993)***	0.121 (8.335)***
大阪城北詰*year2018	0.145 (10.360)***	0.140 (9.652)***
森ノ宮*year2015	0.029 (2.336)**	0.029 (2.332)**
森ノ宮*year2016	0.003 (0.243)	−0.002 (−0.158)
森ノ宮*year2017	−0.057 (−4.644)***	−0.062 (−4.933)***
森ノ宮*year2018	−0.101 (−8.258)***	−0.106 (−8.465)***
*USJ*PMO*		−0.069 (−1.894)*
年固定効果	yes	yes
駅固定効果	yes	yes
自由度調整済み R^2	0.999	0.999
観測数	360	360

注) 括弧内は t 値. *** が 1%有意, ** が 5%有意, * が 10%有意.

駅ではなく，大阪城公園駅や大阪城北詰駅を利用するようになったことを示している．このことは，PMO 事業では単に観光施設の整備だけでなく，隣接の商業施設の充実がシナジー効果を通じて訪問客数の増加に大きく貢献したことを示唆している．

　なお USJ_j*PMO_t は，有意なマイナスの値をとった．PMO 事業の導入で大阪城公園駅や大阪城北詰駅の乗降客数がこれまでのトレンド以上に増えたのに対して，USJ 周辺駅の乗降客数は逆にこれまでのトレンドよりも少なくなったことを示している．

5.4.5　対照群を限定したケース

　これまでの分析では，推計に用いた乗車人員数は，各駅の実際の乗車人員数（対数値）から各駅の 2011–15 年度の平均増加率（対数値階差）を取り除いたものを用いた．このトレンド除去の結果，乗車人員数は大阪市内の JR45 駅すべてで 2011–15 年度の平均増加率（対数値階差）がゼロとなった．ただ，2011–15 年度の平均増加率が駅ごとに異なっていることは，大阪市内の JR 駅の乗車人員数の推移が異質であることを意味し，差分の差分法の対照群として適切でないものが含まれるかもしれない．そこで以下では，これまでと同様に処理群は大阪城公園の JR 最寄り駅「大阪城公園駅」,「大阪城北詰駅」,「森ノ宮駅」の乗車人員数とする一方で，対照群は他の JR42 駅のうち 2011–15 年度の乗車人員数の平均増加率（対数値階差）が 0.02 から 0.06 の範囲にある駅（11 駅）の乗車人員数とした[6]．その結果,「ユニバーサルシティ」,「桜島」,「西九条」といった乗車人員数が飛躍的に伸びた駅に加えて，乗車人員数の伸びが緩やかな 28 駅が，対照群から除かれた．

　推計方法は，対照群を限定した以外は，前節と全く同じである．ただ，推計は，これまで通りトレンド除去した乗車人員数（対数値）を用いた場合に加えて，トレンドを除かない乗車人員数（対数値）を用いた場合に関しても行った．表 5.3 は，推計結果をそれぞれまとめたものである．係数の共分散は White cross-section の方法を用いて推計した．

　いずれのケースも，交差項 $Treat_j*PMO_t$ の係数は，常に統計的に有

---

[6]　大阪城周辺駅はすべてこの範囲に入る．

表 5.3　対照群を限定した推計結果

	イベント = 2015 年度		イベント = 2016 年度	
	除くトレンド	含むトレンド	除くトレンド	含むトレンド
定数項	8.869 (3760)***	8.986 (3732)***	8.870 (6522)***	8.987 (6436)***
$Treatment * PMO$	0.057 (2.596)***	0.065 (2.893)***	0.066 (3.920)***	0.074 (4.270)***
年固定効果	yes	yes	yes	yes
駅固定効果	yes	yes	yes	yes
自由度調整済み R^2	0.999	0.999	0.999	0.999
観測数	112	112	112	112

注）括弧内は t 値. *** が 1% 有意, ** が 5% 有意, * が 10% 有意.

意なプラスをとった. このことは, イベントが処理群の乗降客数に有意なプラスの影響を与えたことを示している. また, これまで同様に, 交差項 $Treat_j * PMO_t$ の推計値は, イベント年を 2015 年度とした場合よりも, 2016 年度とした場合の方が大きな値をとった. この結果は, 大阪城公園 PMO が導入が, ラグを伴って大阪城公園最寄り駅の乗車人員数を増加させたことを再確認している.

5.5　まとめ

　本章では, 前半部分で観光施設の魅力向上と商業施設の充実が相互に作用して訪問客数を増加させるシナジー効果のメカニズムを理論的に考察したのち, 後半部分で「大阪城公園パークマネジメント事業」が導入された 2015 年度以降に大阪城公園への訪問客数が急増した要因を分析した. 本事例は, 大阪城公園の維持管理・運営権を電通を代表者とした複数の民間企業から構成される「大阪城公園パークマネジメント事業者」に委託している. 大阪城は大阪市有数の観光名所であり, 民間事業者に公園の維持管理・運営を委託せずに大阪市が公園の運営を継続していた場合でも, 有能な市の職員によって訪問客数が大幅に増

加するような政策を実行できた可能性が考えられる．しかし，本章の実証分析結果から，大阪城 PMO によって，商業施設の建設やイベントの開催等，収支向上を目的とした大胆な経営革新が可能となり，民のノウハウを活用することで経営の効率化やサービスの質が改善し，訪問客数が増加したことが示唆されたといえる．

2011 年 6 月の PFI 法改正により「公共施設等運営権制度（コンセッション方式）の導入」がなされ，多くの PFI 事業で委託された民事業者が，より自由度をもって事業を運営することが可能となった．その結果，コンセッション方式 PFI によって民が公共事業と民営事業を同時に行うことで，シナジー効果が生まれた事例も増加している．本章で紹介した大阪城 PMO は，そのような事例の成功例であり，官民連携が需要サイドからのシナジー効果を通じて効果を高めた事例と考えられる．

なお，第 2 章 2 節や第 3 章で明らかにしたように，官民連携をプリンシパル・エージェント関係として捉えた場合，政府から公共施設の維持管理・運営を依頼された民間事業者は，悪質な事業者であったり，政府が望むような行動をとらなかったりといった非効率性が発生する可能性がある．本章では，「逆選択」や「モラルハザード」といった非効率性（エージェンシー費用）はないという前提の元で分析を行った．しかし，民のインセンティブを高める適切な報酬体系の設定は，コンセッション方式においても同じように重要である．「大阪城公園パークマネジメント事業」の事例でもなぜエージェンシー費用が大きな問題とならなかったかは別途検証すべき今後の課題といえる．

付録: (5.4) 式および (5.5) 式の導出

　本稿におけるラグランジュ未定乗数法における効用最大化は，ラグランジュ乗数を λ とする以下の式を最大化するものとなる．

$$L = \left[\sum_{j=1}^{N} q_j^{\frac{\sigma-1}{\sigma}}\right]^{\frac{\sigma}{\sigma-1}} + u_k(g_1, g_2, \ldots, g_M) + \lambda\left(Y - \sum_{j=1}^{N} p_j q_j - \sum_{i=1}^{M} f_i g_i - T\right)$$

$$(5.14)$$

　この観光地を訪問する観光客 k が店舗 j から購入する量 q_j は，以下の一階の条件を満たすように決定される．

$$\frac{\partial L}{\partial q_j} = \left[\sum_{j=1}^{N} q_j^{\frac{\sigma-1}{\sigma}}\right]^{\frac{1}{\sigma-1}} q_j^{-\frac{1}{\sigma}} - \lambda p_j = 0 \qquad (5.15)$$

　この式から，以下の関係が成立する．

$$q_j = B p_j^{-\sigma} \qquad (5.16)$$

　ここで，$B \equiv \left(\frac{\lambda}{\sum_{j=1}^{N} q_j^{\frac{\sigma-1}{\sigma}}}\right)^{-\sigma}$ とする．B は j に依存しないので，式 (5.16) を，予算制約式 (5.2) に代入すると $Y = B\sum_{j=1}^{N} p_j^{1-\sigma} + \sum_{i=1}^{M} f_i g_i + T$，すなわち

$$B = \frac{1}{\sum_{j=1}^{N} p_j^{1-\sigma}}\left(Y - \sum_{j=1}^{N} p_j q_j - \sum_{i=1}^{M} f_i g_i - T\right) \qquad (5.17)$$

　したがって，式 (5.16) と式 (5.17) から，q_j に対する需要関数

$$q_j = \frac{p_j^{-\sigma}}{\sum_{j=1}^{N} p_j^{1-\sigma}}\left(Y - \sum_{j=1}^{N} p_j q_j - \sum_{i=1}^{M} f_i g_i - T\right) \qquad (5.18)$$

また，(5.16) 式から，$\left[\sum_{j=1}^N q_j^{\frac{\sigma-1}{\sigma}}\right]^{\frac{1}{\sigma-1}} = B^{\frac{1}{\sigma}}\left(\sum_{j=1}^N p_j^{1-\sigma}\right)^{\frac{1}{\sigma-1}}$ が成立するので，B の定義式からラグランジュ乗数 λ は，

$$\lambda = \left(\sum_{j=1}^N p_j^{1-\sigma}\right)^{\frac{1}{\sigma-1}} \tag{5.19}$$

となることも確認することができる．

一方，各観光施設を訪問するかどうかに関する $g_i (i = 1, 2, ..., M)$ の選択問題は，g_i の供給量が外生的に与えられた一定の値をとるため，g_i に行くか行かないかのどちらかの選択となる．すなわち，すべての $i = 1, 2, ..., M$ について，

$$\frac{\Delta L}{\Delta g_i} = \frac{\Delta u_k(g_1, g_2, ..., g_M)}{\Delta g_i} - \lambda f_i \tag{5.20}$$

がゼロまたは正のとき観光施設 g_i に行き（すなわち，$g_i = 1$），負のとき観光施設 g_i に行かない（すなわち，$g_i = 0$）ことになる．(5.16) 式より，この条件は，

$$\frac{\Delta L}{\Delta g_i} = \frac{\Delta u_k(g_1, g_2, ..., g_M)}{\Delta g_i} \geq f_i\left(\sum_{j=1}^N p_j^{1-\sigma}\right)^{\frac{1}{\sigma-1}} \quad (g_i = 1) \tag{5.21}$$

$$\frac{\Delta L}{\Delta g_i} = \frac{\Delta u_k(g_1, g_2, ..., g_M)}{\Delta g_i} < f_i\left(\sum_{j=1}^N p_j^{1-\sigma}\right)^{\frac{1}{\sigma-1}} \quad (g_i = 0) \tag{5.22}$$

となる．なお，(5.8) 式より，すべての i に関して $p_i = p^*$ なので，(5.19) 式より，$\lambda = \frac{1}{p^*}N^{\frac{1}{\sigma-1}}$ となる．また，条件 (5.21), (5.22) は，

$$\frac{\Delta L}{\Delta g_i} = \frac{\Delta u_k(g_1, g_2, ..., g_M)}{\Delta g_i} \geq \frac{f_i}{p^*}N^{\frac{1}{\sigma-1}} \quad (g_i = 1) \tag{5.23}$$

$$\frac{\Delta L}{\Delta g_i} = \frac{\Delta u_k(g_1, g_2, ..., g_M)}{\Delta g_i} < \frac{f_i}{p^*}N^{\frac{1}{\sigma-1}} \quad (g_i = 0) \tag{5.24}$$

第6章　おわりに

　本書では，どのような環境の下で官民連携がうまく機能するのかを理論的に考察すると同時に，わが国でこれまで行われた PPP/PFI 事業のデータを用いて，その妥当性を実証的な観点から論じた．先行してPFI を推進した英国などで失敗事例が数多く存在するように，官民連携によって公共事業の効率化が常に図られるという発想は短絡的である．しかし，政府部門が極めて深刻な財政難に直面するなか，既存のインフラ老朽化の問題を解決し，これまで通りの行政サービスを維持していくには，官民連携は 1 つの有力な選択肢と言える．とりわけ，官民連携は，国民の日々のくらしに不可欠なさまざまな行政サービスを供給する地方公共団体においてより重要である．

　地方公共団体における 1 人当たりの行政費用は，人口密度が一定水準以上では混雑効果によって増加するものの，ある程度の人口密度水準までは減少することが知られている．たとえば，林 (2002) は，地方公共サービス供給の平均費用が最小になる規模を「最小効率規模」と呼び，わが国の市データについて 1 人当たり歳出が人口規模に関してU 字型となることを示した．そのうえで，林は，各市の最小効率規模は 31 万人から 46 万人の範囲であると算定し，実際の人口規模が最小効率規模を下回る市は推定対象となった全体の約 94％を占めるとした．内閣府 (2012) も 2010 年度でみて，人口密度 5000 人/km^2 以下の市については，人口密度を上げることで 1 人当たり歳出総額を低下させることができることを明らかにした．2010 年度時点でわが国の全市の人口密度の平均は 1460 人/km^2 に過ぎなかったことに鑑みれば，この内

128

閣府の結果も，ほとんどの市町村で規模の経済性による集積のメリットを享受できない可能性が高いことを示している．加速化する少子高齢化と人口減から，多くの地方自治体では，これまで通りの予算では行政サービスを維持していくことがますます難しくなっている．限られた予算のなかで官民連携も活用しながら，既存のインフラ老朽化の問題を解決し，これまで通りの行政サービスを維持していくことは喫緊の課題である．

　本書では，どのような環境の下で官民連携がうまく機能するのかを，2つの大きな視点から考察した．第1が，「プリンシパル・エージェント理論」を用いて，事業のガバナンス構造を考察する視点である．官民連携は，官＝依頼人が民＝代理人に業務を委託するプリンシパル・エージェントの関係として捉えることができる．本書では，逆選択やモラルハザードといったエージェンシーコストを発生させないため，官民連携において，民のインセンティブを高めるバンドリング型の契約を結び，エージェンシーコストを発生させないような報酬体系を設定することが重要となることを指摘した．第2が，PFI事業を委託された民が，複数の事業を同時に行うことによって発生する「シナジー効果」に注目する視点である．PFI法改正により「公共施設等運営権制度（コンセッション方式）の導入」がなされ，多くのPFI事業で委託された民間事業者（SPC）が，PPP/PFI事業を自由度をもって事業を運営することが可能となった．本書では，そのことで供給サイドと需要サイドの両面からシナジー効果が生まれる余地が大きく高まったことを指摘した．

　もちろん，本章で考察した2つの経済学的視点は，官民連携が機能するための必要条件ではあっても，十分条件ではない．官民連携のあり方は多種多様であり，それを導入・推進する目的は，私的利潤の最大化にもとづく財・サービスの供給とは本質的に異なる．独立採算での供給が難しいからといって，その供給が社会的に不要であるわけで

はない．したがって，どれだけ採算が取れるものかという収益性や効率性の観点からだけでなく，所得分配など社会的な重要性を考慮してその供給の有無を判断する必要がある．それには，単に経済学的な視点だけではなく，さまざまな分野の知見を活用しながら官民連携のあり方を模索していくことが必要になることはいうまでもない．

参考文献

[1] 赤井伸郎（2002）「PFI の経済学的考察—インセンティブの観点から—」『オペレーションズ・リサーチ』2002 年 12 月号.

[2] 赤井伸郎・篠原哲（2002）「第三セクターの設立・破綻要因分析—新しい公共投資手法 PFI の成功にむけて」『日本経済研究』No. 44，pp. 141–166.

[3] 赤井伸郎（2006）『行政組織とガバナンスの経済学』有斐閣.

[4] 赤井伸郎・石川達哉（2019）『地方財政健全化法とガバナンスの経済学—制度本格施行後 10 年での実証的評価』有斐閣.

[5] 伊藤秀史・小佐野広（2003）『インセンティブ設計の経済学—契約理論の応用分析』勁草書房.

[6] 井堀利宏（2013）『財政学　第 4 版』新世社.

[7] 臼田利之（2009）「指名停止措置を要因とした PFI 事業の中止事例に関する研究」『建設マネジメント研究論文集』Vol.16，pp. 341–350.

[8] 大下義之（2007）「PFI における『需要リスク移転のパラドックス』を巡る考察〜PFI 失敗事例に学ぶ，PPP 成功のポイント〜」『季刊　政策・経営研究』vol.2，pp. 101–129.

[9] 大島考介（2001）「不完備契約と PFI」『日本経済研究』No. 43，pp. 87–100.

[10] 金本良嗣（1997）『都市経済学』東洋経済新報社.

[11] 国土交通省（2014）「国土交通省における PPP/PFI の取組について」2014 年 2 月.

[12] 小藤弘樹（2012）「公共財と立地選択」『経済学論叢』（同志社大学経済学会）第 64 巻第 2 号，pp. 153–166.

[13] 櫻川昌哉（編）（2013）『ツーリズム成長論』慶應義塾大学出版会.

[14] 佐藤・田渕・山本（2011）『空間経済学』有斐閣.

[15]　清水克俊・堀内昭義（2003）『インセンティブ経済学』有斐閣.

[16]　下野恵子・前野貴生（2010）「PFI 事業における経費削減効果の要因分析—計画時 VFM と契約時 VFM の比較」『会計検査研究』第 42 号，pp. 49–61.

[17]　土居丈朗（2007）『地方債改革の経済学』日本経済新聞出版社.

[18]　土居丈朗（2017）『入門　財政学』日本評論社.

[19]　東洋大学 PPP 研究センター（2018）『公民連携白書 2018–2019』時事通信出版局.

[20]　内閣府（2012）「地域の経済 2012　集積を活かした地域づくり」.

[21]　内閣府（2013）「PPP/PFI の抜本改革に向けたアクションプラン」.

[22]　内閣府（2019）「PPP/PFI 事業　事例集」

[23]　内閣府，総務省，国土交通省（2016）「PPP 事業における官民対話・事業者選定 プロセスに関する運用ガイド」.

[24]　内閣府（2019）「PFI 事業の実施状況について」.

[25]　丹生谷美穂・福田健一郎（2018）『コンセッション・従来型・新手法を網羅した PPP/PFI 実践の手引き』中央経済社.

[26]　日本 PFI・PPP 協会（2018）『PFI 年鑑　2018 年版』.

[27]　日本経済研究所（2020）「日経研月報　PPP/PFI 特集〜我が国 PPP/PFI 20 年　その展開と展望〜」.

[28]　根本祐二（2011a）『朽ちるインフラ』日本経済新聞社.

[29]　根本祐二（2011b）「PPP 研究の枠組みについての考察（1）」『東洋大学 PPP 研究センター紀要』No. 1，pp. 19–28.

[30]　根本祐二（2012）「PPP 研究の枠組みについての考察（2）」『東洋大学 PPP 研究センター紀要』No. 2，pp. 4–20.

[31]　根本祐二（2013）「PPP 研究の枠組みについての考察（3）」『東洋大学 PPP 研究センター紀要』No. 3，pp. 17–43.

[32]　野田由美子（2003）『PFI の知識』日経文庫.

[33]　羽島市民プール PFI 事業者選定審査会（2002）「羽島市民プールの整備・運営事業提案，審査講評」.

[34]　羽島市経済部商工観光課（2002）「羽島市民プールの整備・運営事業に関する実施方針.

[35] 羽島市包括外部監査人（2016）「2015 年度 包括外部監査の結果報告書（公の施設の管理運営について）」.

[36] 花崎正晴 (2008)『企業金融とコーポレート・ガバナンス―情報と制度からのアプローチ』東京大学出版会.

[37] 花崎正晴 (2014)『コーポレート・ガバナンス』岩波新書.

[38] 服部邦比古・阿部浩和 (2009)「PFI における VFM に関する評価と課題」『日本建築学会計画系論文集』.

[39] 林正義 (2002)「地方自治体の最小効率規模―地方公共サービス供給における規模の経済と混雑効果―」『フィナンシャルレビュー』pp. 59–89.

[40] 深澤映司 (2005)「第三セクターの経営悪化要因と地域経済」『レファレンス』2005 年 7 月号，pp. 62–78，国立国会図書館調査局.

[41] 福岡市環境局管理課（2015）「臨海工場余熱利用施設整備事業（タラソ福岡）について」.

[42] 福岡市 PFI 事業推進委員会（2005）「タラソ福岡の経営破綻に関する調査検討報告書」.

[43] 山内弘隆（編著）（2014）『運輸・交通インフラと民力活用 PPP/PFI のファイナンスとガバナンス』，慶応義塾大学出版会.

[44] 要藤正任・溝端泰和・林田雄介 (2017),「PFI 事業における VFM と事業方式に関する実証分析―日本の PFI 事業のデータを用いて―」『経済分析』第 192 号，pp. 47–66.

[45] Coulson, Andrew (2008) "Value for Money in PFI Proposals: A Commentary on the UK Treasury Guidelines for Public Sector Companies" Public Administration, Volume 86, Issue 2: pp. 483–498.

[46] Demirag, Istemi, and Iqbal Khadaroo (2011) , "Accountability and Value for Money: A Theoretical Framework for the Relationship in Public–Private Partnerships" Journal of Management & Governance, 15: pp. 271–296.

[47] Epple, Dennis, Radu Filimon, and Thomas Romer (1984), "Equilibrium among Local Jurisdictions: Toward an Integrated Treatment

of Voting and Residential Choice" Journal of Public Economics, 24: pp. 281–308.

[48] Froud, Julie, and Jean Shaoul (2001) "Appraising and Evaluating PFI for NHS Hospitals" Financial Accountability & Management, Volume 17, Issue 3: pp. 247–270.

[49] Fujita, Masahisa, and Jacques-F Thisse (2013) "Economics of Agglomeration. Cities Industrial Location and Globalization (Second Edition)" Cambridge University Press（徳永澄憲・太田　充（訳）『集積の経済学: 都市，産業立地，グローバル化』東洋経済新報社，2017 年）.

[50] Fukuda, Yukari (2019) "Private Finance Initiative in Incomplete Contracts: Theory and evidence from Japan" Japan & The World Economy, 50: pp. 56–65.

[51] Hart, Oliver (2003) "Incomplete Contracts and Public Ownership: Remarks, and an Application to Public–Private Partnerships" The Economic Journal, 113: C69–C76.

[52] Hart, O., Shleifer, A., and Vishny, R.W. (1997) "The Proper Scope of Government: Theory and an Application to Prisons" Quarterly Journal of Economics, vol. 112 (4): pp. 1126–1161.

[53] Heald, David, and George Georgiou (2011) "The Substance of Accounting for Public Private Partnerships" Financial Accountability & Management, Volume 27, Issue 2: pp. 217–247.

[54] Hellowell, Mark, and Allyson M. Pollock (2010) "Do PPPs in Social Infrastructure Enhance the Public Interest? Evidence from England's National Health Service" Australian Journal of Public Administration, Volume 69, Issue Supplement s1: pp. S23–S34.

[55] Hodge, Graeme A., and Carsten Greve (2007) "Public–Private Partnerships: An International Performance Review" Public Administration Review, May–June 2007: pp. 545–558.

[56] Hood, John, and Neil McGarve (2002) "Managing the Risks of Public–Private Partnerships in Scottish Local Government" Policy

Studies, Vol. 23, No. 1: pp. 21–35.

[57] Hood, John, Ian Fraser, and Neil McGarve (2006) "Transparency of Risk and Reward in U.K. Public–Private Partnerships" Public Budgeting & Finance, Volume 26, Issue 4: pp. 40–58.

[58] Iossa, Elisabetta, and David Martimort (2015) "The Simple Microeconomics of Public–Private Partnerships" Journal of Public Economic Theory 17(1): pp. 4–48.

[59] Kakabadse, Nada K., Andrew P. Kakabadse, and Nick Summers (2007) "Effectiveness of Private Finance Initiatives (PFI): Study of Private Financing for the Provision of Capital Assets for Schools" Public Administration and Development, Volume 27, Issue 1: pp. 49–61.

[60] Kiel, Katherine, and Katherine T., McClain (1995) "The Effect of an Incinerator Siting on Housing Appreciation Rates" Journal of Urban Economics 37: pp. 311–323.

[61] Lethbridge, Jane (2014) "Public Enterprises in the Healthcare Sector—A case Study of Queen Elizabeth Hospital, Greenwich, England" Journal of Economic Policy Reform, Vol. 17, No. 3: pp. 224–235.

[62] Linden, Leigh, and Jonah E., Rockoff (2008) "Estimates of the Impact of Crime Risk on Property Values from Megan's Laws" American Economic Review 98:3: pp. 1103–1127.

[63] Shaoul, Jean, Anne Stafford, and Pamela Stapleton (2011) "NHS Capital Investment and PFI: From Central Responsibility to Local Affordability" Financial Accountability & Management, Volume 27, Issue 1: pp. 1–17.

[64] Tiebout, Charles M. (1956) "A Pure Theory of Local Expenditures" Journal of Political Economy, Vol. 64, No. 5: pp. 416–424.

著者紹介

福田　紫

2015 年　上智大学理工学部卒業

2017 年　東京大学公共政策大学院公共政策学教育部卒業

現在　　慶應義塾大学経済学研究科後期博士課程在籍

　　　　元・三菱経済研究所研究員

官民連携の経済分析
―新しい行政経営の手法 PPP/PFI―

2020 年 9 月 30 日　発行

定価　本体 2,000 円＋税

著　者　　福田　紫

発行所　　公益財団法人　三菱経済研究所
　　　　　東京都文京区湯島 4-10-14
　　　　　〒 113-0034 電話 (03)5802-8670

印刷所　　株式会社 国 際 文 献 社
　　　　　東京都新宿区山吹町 332-6
　　　　　〒 162-0801 電話 (03)6824-9362

ISBN 978-4-943852-78-0